MEMOIRES DE BEKEES

COLLECTION
AUTREMENT MÊMES
dirigée par Roger Little
Professeur émérite de Trinity College Dublin,
Chevalier dans l'ordre national du mérite, Prix de l'Académie française etc.

Cette collection présente en réédition des textes introuvables en dehors des bibliothèques spécialisées, tombés dans le domaine public et qui traitent, sous forme de roman, nouvelles, pièce de théâtre, témoignage, essai, récit de voyage etc., rédigés par un écrivain blanc, des Noirs ou, plus généralement, de l'Autre. Exceptionnellement, comme dans le cas présent, avec le gracieux accord des ayants droit, elle accueille des textes protégés par copyright, voire inédits. Des textes étrangers traduits en français ne sont évidemment pas exclus. Il s'agit donc de remettre à la disposition du public un volet plutôt négligé du discours postcolonial (au sens large de ce terme : celui qui recouvre la période depuis l'installation des établissements d'outre-mer). Le choix des textes se fait d'abord selon les qualités intrinsèques et historiques de l'ouvrage, mais tient compte aussi de l'importance à lui accorder dans la perspective contemporaine. Chaque volume est présenté par un spécialiste qui, tout en privilégiant une optique libérale, met en valeur l'intérêt historique, sociologique, psychologique et littéraire du texte.

« *Tout se passe dedans, les autres, c'est notre dedans extérieur, les autres, c'est la prolongation de notre intérieur.* »
Sony Labou Tansi

Titres parus et en préparation :
Voir en fin de volume

Elodie Dujon-Jourdain
Renée Dormoy-Léger

MEMOIRES DE BEKEES

TEXTES INEDITS

Texte établi, présenté et annoté
par Henriette Levillain

L'Harmattan

Photo de couverture : de gauche à droite :
Elodie Jourdain (cliché, propriété de la famille) et
Renée Léger à la Joséphine (cliché, propriété de la
Fondation Saint-John Perse, Aix-en-Provence)

© L'Harmattan, 2002
5-7, rue de l'École-Polytechnique
75005 Paris – France

L'Harmattan, Italia s.r.l.
Via Bava 37
10124 Torino
L'Harmattan Hongrie
Hargita u. 3
1026 Budapest
ISBN : 2-7475-2798-0

INTRODUCTION

par Henriette Levillain

Henriette Levillain est notamment l'auteur de :

Le Rituel poétique de Saint-John Perse, Gallimard, coll. Idées 1977,
Sur deux versants : la création chez Saint-John Perse, Librairie José Corti, 1987,
ainsi que de diverses études sur Saint-John Perse.

Elle a dirigé plusieurs ouvrages collectifs parmi lesquels :

Guadeloupe 1870-1914 : les soubresauts d'une société pluri-ethnique ou les ambiguïtés de l'assimilation, Editions Autrement, série Mémoires n° 28, 1994.

INTRODUCTION

L'aristocratie blanche des îles a produit tout au long du XIXème siècle beaucoup de sucre et peu d'écrivains. Et ceux-ci, au lieu de donner une représentation authentique de la société et de la vie contemporaines des planteurs, ont le plus souvent contribué à enrichir de stéréotypes la littérature exotique. Que l'on pense à Leconte de Lisle, né à l'île Bourbon (actuelle Réunion). Son œuvre, écrite tout entière en France, est une restitution idéalisée des grandes civilisations disparues et son île natale y est moins évoquée pour elle-même que pour la lointaine civilisation indienne dont elle fait percevoir la décadente beauté.

Ainsi, ignoré par la littérature exotique de la fin du dernier siècle, ou du moins effacé derrière le mythe d'une île femme, le planteur – dit *béké* à la Martinique et *blanc-pays* à la Guadeloupe – entre dans la littérature après 1945 seulement, et paradoxalement grâce aux écrivains de couleur. Il se constitue alors un contre-mythe négatif, celui du riche possédant, à la fois dandy et féroce, abusant d'un pouvoir quasi féodal sur les travailleurs de la canne et sur leurs femmes. Et jusqu'à *Texaco* de Patrick Chamoiseau, jusqu'à ce que la ville (ou « l'En-ville ») devienne un milieu romanesque, toute la production des écrivains de couleur évoque le champ de canne comme un lieu de conflits entre l'habitation et la case.

Entre l'idéalisation de la littérature dite exotique et la caricature de la littérature créole contemporaine, quelle est la réalité békée ? La question mérite d'être posée, ne serait-ce que pour mesurer l'écart entre celle-ci et les productions poétiques ou romanesques qui la représentent. Mais comment et où rencontrer le planteur dans la réalité quotidienne de son existence ?

La réponse ne manque pas d'ironie. Les seuls récits de vie écrits par les membres de la société aristocratique blanche des îles coïncident avec la crise sucrière du tournant du siècle, aggravée en Martinique par l'éruption de la Montagne Pelée

(1902), par conséquent avec les premiers départs vers la métropole[1].

Ce volume présente successivement deux récits, écrits l'un et l'autre par des descendantes de grands planteurs. Le premier, *Le Sablier renversé*, est la chronique d'Elodie Jourdain, née Dujon (1891–1954), rédigée après le départ de la Martinique de celle-ci, à l'intention de ses neveux et nièces, dispersés dans le monde et qui n'avaient jamais connu l'île antillaise[2]. Le second récit a été également composé par une Créole blanche, vers les années 1937, une quarantaine d'années après qu'elle eut quitté la Guadeloupe en même temps que toute sa famille pour ne plus jamais y retourner. En comparaison avec le premier récit, celui-ci paraîtra moins élaboré ; mais il a ceci de précieux qu'il a été rédigé par la mère de Saint-John Perse, Renée Léger, née Dormoy (1864–1948)[3]. Celle-ci avait voulu répondre à la demande d'un petit-

---

[1] On trouvera des informations relatives à cette période mouvementée dans les ouvrages suivants : *Guadeloupe 1875–1914, les soubresauts d'une société pluri-ethnique ou les ambiguïtés de l'assimilation*, série Mémoires, ouvrage dirigé par Henriette Levillain, Autrement, 1994. Et Claude Thiébaut, *Guadeloupe 1899, année de tous les dangers*, L'Harmattan, 1989.

[2] Elodie Dujon appartient par son ancêtre, Jean Huc, sénéchal de Grenade, et ses alliances avec toutes les familles békées des îles à l'aristocratie blanche, parmi lesquelles les Le Dentu et les Dormoy. Sa grand-mère, Elodie Huc, épouse de St Clair Dujon, fut auteur elle-même d'un récit inédit sur la Martinique dans les années mouvementées 1848. Elodie est la fille de St Clair Dujon, fils aîné d'Elodie Huc-Dujon et de Juanita Huc, cousine de celui-ci.

Nous devons ce manuscrit inédit à la générosité d'Hélène Huyghues Despointes, filleule d'Elodie, qui a bien voulu nous confier sa propre copie du manuscrit dédicacé « A ma chère filleule Hélène pour qu'elle sache à qui elle doit tant de ses charmantes qualités. » Signé Lodie Jourdain.

[3] Le récit, inachevé, a été écrit en 1937 à l'intention du petit-fils de Renée Léger, Claude Sommaruga, fils de sa deuxième fille, Paule dite Paulette, qui avait épousé Ubaldo Sommaruga, ingénieur italien vivant à Milan. La mère de Saint-John Perse vivait à cette date à Paris, rue Camoëns, sur le même palier que son fils. Elle quittera l'appartement après l'entrée des Allemands à Paris. Renée Léger est petite-fille de Paul-Etienne Dormoy (1807–1886), propriétaire, domicilié à Basse-

fils qui, habitant Milan, ignorait tout des Antilles. L'un et l'autre sont de précieux témoignages du besoin nouveau de la société créole blanche, pressentant sans doute sa prochaine disparition, de nourrir la mémoire de ses descendants des traces de son existence aux îles.

Or, malgré la distance et le temps, ni Elodie Dujon, ni Renée Léger ne cherchent à enjoliver leurs souvenirs à l'intention d'éventuels amateurs de clichés exotiques. Les doux rêveurs et rêveuses allongés sur des berceuses en acajou, rafraîchis par des esclaves noirs, n'ont sans doute existé qu'en littérature. En réalité, la vie du planteur apparaît dans ces récits comme un combat de tous les instants contre les cyclones, les serpents et les tarifs douaniers, combat qui demande des ressources inépuisables d'énergie et de ruse et ne peut se mener qu'avec la solidarité, voire la complicité, des ouvriers de la canne.

C'est ainsi que ces récits sont, en vérité, aussi loin de l'image idéalisante que de la caricature décrites plus haut. Néanmoins, entre le récit de l'homme de couleur et le récit de la fille du grand planteur béké, il est un dénominateur commun notable, un possible lieu de réconciliation : l'attachement à la terre antillaise.

*
* *

Elodie Dujon-Jourdain, *Le Sablier renversé*

Elodie Dujon-Jourdain appartenait à la société békée martiniquaise. Son enfance et son adolescence avaient connu le

---

Terre, époux de Sophie Vétuly Bardon (1815–1875) et fille de Paul Dormoy (1840–1890) et de Anne Le Dentu (1845–1929), propriétaires de Bois-Debout, sur la commune de Capesterre. Renée est l'aînée de neuf enfants. Elle épousa le 31 mars 1884 à Capesterre Amédée Léger, âgé de quatorze ans de plus qu'elle (1850–1907), dont elle eut cinq enfants, Eliane (1884–1969), Paule (1886–1907), Alexis (1887–1975), Marguerite (1889–1980) et Solange (1893–1894).

Nous sommes très reconnaissante à Philippe Dormoy de nous avoir autorisée à publier les souvenirs inédits de sa tante, Renée Léger née Dormoy.

cadre confortable et poétique de l'habitation sucrière. La première, *La Rivière blanche*, propriété de sa grand-mère maternelle était située sur le riche versant occidental de la Montagne Pelée, à cinq kilomètres de Saint-Pierre. La famille d'Elodie s'installa en 1900 dans une habitation voisine, *La Grand'case*, mais elle avait laissé une grande partie de son cœur dans la première. Une fois que l'une et l'autre furent dévastées par l'éruption de la Montagne Pelée – dont le récit livre un témoignage stupéfiant – la famille ne parvint pas à rétablir sa fortune, déjà atteinte par la crise sucrière. Elle décida donc, en 1912, bien à contrecœur, de s'installer à Paris. Tardivement, puisqu'elle avait vingt-deux ans, Elodie y fit des études secondaires, passa une licence de lettres à la Sorbonne, bifurqua sur la médecine et enfin soutint, toujours à la Sorbonne, en 1946, une thèse de doctorat ès lettres sur le sujet suivant : « Du français aux parlers créoles ». Celle-ci, publiée en 1956 chez Klincsieck, est aujourd'hui encore une référence pour les créolistes[1].

Aux lendemains de la Seconde Guerre mondiale, prenant conscience que la Martinique était une patrie définitivement perdue pour elle et pour tous ses neveux – elle était mariée sans enfants –, elle songea à écrire, à l'intention de sa famille proche, la chronique du « vert paradis des amours enfantines ». Le titre qu'elle lui donna, *Le Sablier renversé*, lui permit de jouer sur la double image des sabliers qui ombrageaient la cour de *La Grand'case* et de l'instrument pour mesurer le temps[2].

Le récit présente un triple intérêt : en même temps qu'il éclaire l'histoire de la société coloniale des îles, il apporte des éléments pour une étude de l'économie de la canne. Enfin,

---

[1] Deux volumes : 1) *Du français aux parlers créoles*, 2) *Le Vocabulaire du parler créole à la Martinique*.

[2] Etant écrit à l'intention de destinataires exclusivement familiaux, le récit se réfère par moments à des faits qui n'ont d'intérêt que dans le cercle étroit de la dite famille : généalogies longues et fastidieuses, arrangements de mariages ou anecdotes sans relief. En pensant aux destinataires de ce volume-ci, qui ne se sentiront pas concernés par les affaires exclusivement familiales d'Elodie Jourdain, on s'est permis de supprimer les rares passages qui ne présentaient pas un intérêt d'ordre général.

mais entre les lignes cette fois et à condition d'être décrypté, il nous permet de lire la mentalité du planteur.

Le Royaume de l'habitation

Le récit d'Elodie Jourdain est dédié à la Martinique, *Martinicae matri*. Mais dès les premières lignes, il s'interdit toute forme pleurnicharde de nostalgie. Dans une disposition à l'écriture littéraire, qui n'est pas sans faire penser à celle de Saint-John Perse dans *Eloges*, il revendique le pouvoir de restituer la présence réelle de l'île : la singularité de ses choses et de ses mots, l'alternance de bonheurs et de souffrances. « Ce n'est pas un regret que nous portons en nous, mais une présence toujours sensible dont nous aimons parler pour la sentir plus proche, plus vivante. » Or pour la fille et petite-fille de békés, la Martinique tout entière se résume dans *la Rivière blanche*, nom de l'habitation où elle est née, où elle a connu les joies de la famille nombreuse. Elle en dessine soigneusement le plan, la décrit minutieusement et centre une grande partie du récit autour d'elle.

L'habitation est un grand domaine agricole qui comprend, outre la maison du maître, les cases à nègres et les cases à coolies indiens, la plantation de canne – à laquelle s'ajoute sous certains climats celle de café ou de cacao – la rhumerie et, enfin, différents corps de métier. A l'instar du château pour le seigneur, l'habitation est donc pour le planteur à la fois symbole d'une aristocratie au statut quasi féodal, lieu de sociabilité familiale et centre de la vie économique. Elle crée entre le maître et les gens de service (domestiques et travailleurs de la canne, noirs et indiens) des liens de dépendance personnelle. A telle preuve que le chapitre consacré dans *Le Sablier renversé* à l'inventaire des gens de service est titré « Nos Nègres ». Ou encore que, dans le récit écrit par Renée Léger, les domestiques et travailleurs de l'habitation, eux aussi tous cités, le sont par leurs prénoms et jamais par leurs noms de famille : Minatchy, Coutoumoutou, Vingaladou.

L'usage de l'adjectif possessif et du prénom stipulent, ne nous y trompons pas, que la microsociété des gens de couleur qui gravite autour de l'habitation n'existe que pour être au service des maîtres. « C'était un village en miniature au centre duquel, dit avec candeur Elodie Jourdain, se mouvait en toute liberté l'enfant-roi, l'enfant blanc, auquel la troupe des travailleurs accordait la même déférence qu'au chef de famille. » Et avec la même candeur, elle rapporte que la coutume voulait qu'au moment des grandes chaleurs, le déjeuner d'Elodie et de ses sœurs soit apporté à l'école par la Da (la nourrice), de peur que les petites attrapent une insolation. Dans les premières poésies de Saint-Leger Leger (premier pseudonyme de Saint-John Perse[1]), la Guadeloupe natale est, elle aussi, comparée à un royaume de légende ; qu'elles soient métisses ou noires, les femmes toutes à la dévotion de l'enfant, le baignent dans des eaux aux vertus nombreuses et, en le faisant, éveillent ses sens :

Palmes... !
Alors on te baignait dans l'eau-de-feuilles-vertes ; et l'eau encore était du soleil vert ; et les servantes de ta mère, grandes filles luisantes, remuaient leurs jambes près de toi qui tremblais... (Pour fêter une enfance, I).[2]

C'est ainsi que, d'un récit à l'autre, d'une poésie à l'autre, on observe de la part de l'enfant blanc, qui en est le sujet, le même regard attendri et un peu condescendant sur les travailleurs de couleur qui vivent sur l'habitation. « Assilvadou avait douze ans, écrit Renée Léger. Son rôle consistait à se tenir derrière mon père lorsqu'il était à table et muni d'une branche d'arbre souple de lui chasser les mouches sur la tête, car il était chauve et s'énervait du chatouillement des mouches. » « Que ce fût au *Marry*, à la *Grand'Case* ou à la *Rivière Blanche*, écrit de son côté Elodie Dujon-Jourdain, cette protection invisible,

---

[1] L'accent aigu figure sur l'état civil des Léger, mais il a été volontairement supprimé par le poète et le diplomate de son premier pseudonyme Saint-Leger Leger et de son nom de diplomate Alexis Leger.
[2] Saint-John Perse, *Œuvres complètes*, Bibliothèque de la Pléiade, Gallimard, 1972, nouvelle édition 1982, p.23. (*O.C.*)

pleine de complaisance déférente des "Travailleurs" s'étendait toujours sur nous ».

On ne s'étonnera pas que ces récits, si près de la réalité qu'ils soient, taisent, ou minimisent lorsqu'ils en parlent, les violences, les révoltes et le marronnage de certains travailleurs[1] : aux yeux des narratrices, ces actes appartiennent à la zone obscure de la psychologie de l'homme de couleur qu'elles ne cherchent pas à expliquer mais craignent confusément.

Mais ne soyons pas injustes. Ce contrat de service avait sa réciprocité : la sollicitude des maîtres pour les travailleurs. A l'instar de toutes les habitations, l'habitation *La Rivière Blanche* contient une infirmerie, où les dames de la famille Dujon soignent les travailleurs, en utilisant selon la coutume locale les vertus des plantes. Autre exemple : un chapitre entier du *Sablier renversé* est consacré à Rosina Desfriches, la Da de la famille dont le teint clair, « couleur de banane mûre », rappelait l'illégitimité de sa naissance. Ce sont des pages d'émotion discrète mais sincère, où, se détachant du conformisme de son milieu, une femme, libre de son destin, s'interroge sur l'apparente docilité de la fille d'esclave. « A seize ans, devenue un beau brin de fille, elle fut à son tour (comme sa mère) poursuivie par les avances d'un garçon de son âge, son parent blanc plus ou moins proche, [...] Rosina s'enfuit de Sainte-Marie et vint chercher à Saint-Pierre une place de domestique. »

Ainsi, dans les meilleurs des cas, le contrat tacite entre le maître et le travailleur était celui d'un échange de services, ou, selon le vocabulaire de l'époque, de dévouements. Comme si elle parlait d'une époque révolue, dans un style pieux qui évoque celui de la comtesse de Ségur, Elodie Jourdain aime à énumérer les nombreux gestes exemplaires et les dévouements héroïques des domestiques et travailleurs à l'égard des maîtres. Si le lecteur sait bien la lire, ils doivent être mis au compte d'un sens extensif de la famille, celui de la Françoise de Proust, et non pas d'un paternalisme abusif. Ainsi de l'étonnant

---

[1] Le « nègre marron » (altération de l'hispano-américain *cimarrón*, « esclave fugitif ») est l'esclave qui s'est enfui dans les bois pour y vivre en liberté.

dévouement de Julien, travailleur de l'oncle Raoul, sur l'habitation *Le Marry*, que l'éruption de la Montagne Pelée avait isolée du monde. Resté indéfectiblement attaché à son maître et à la terre, il joue auprès de lui, tel Figaro, tous les rôles, depuis celui de directeur de conscience jusqu'à celui de barbier : « "Monsieur Raoul, lui disait-il, quand irez-vous voir votre frère à Sainte-Marie ? Il y a bien longtemps, il me semble, que l'on ne vous a vu à Fourniols. Il faut aller voir des blancs, vous ne saurez plus parler français." Et docile, Tonton Raoul préparait son panier caraïbe pour le vendredi suivant, mais auparavant Julien l'appelait en créole : " *Vini pou moin rasé ou, pas peu allé con ça Sainte-Marie !*" [1] et artistiquement, il lui refaisait une beauté en ménageant la barbiche que son maître avait toujours portée. »

Autre geste de dévouement raconté par Elodie avec le même émerveillement : celui de la Da qui, un jour où ses parents, accablés de préoccupations financières, parlaient entre eux d'aller apporter l'argenterie au Mont-de-Piété, glissa dans la main de son père tous ses bijoux pour « qu'il en fît ce qu'il jugeait nécessaire ». Doit-on s'étonner qu'à force de vivre sur la même habitation, de connaître les mêmes cyclones et les mêmes éruptions, de jouer ensemble et de parler la même langue, les enfants des uns et des autres aient tissé des liens de solidarité imaginative, sinon de sociabilité, domaine réservé des blancs.

Une société matriarcale

La société des békés est constituée de grandes familles, parentes les unes des autres, répandues sur toutes les îles de l'archipel des Caraïbes. Elodie Dujon et Renée Dormoy sont parentes et c'est chez l'oncle de la seconde à la Guadeloupe qu'Elodie, après l'éruption de la Montagne Pelée, se réfugia en même temps qu'une partie de sa famille. Dans le milieu des planteurs blancs, on vit et on se marie entre cousins, on se déplace fréquemment d'une habitation à l'autre, voire d'une île

---

[1] « Viens un peu que je te rase, tu ne peux pas aller ainsi à Sainte-Marie ! »

à l'autre, et on se sent par contre très éloigné des Français de France.

On l'est physiquement : 7.200 km, plus d'une semaine de navigation. On l'est aussi, en dépit des apparences, culturellement : on lit Lamartine et Hugo, on connaît l'histoire des rois de France sur le bout des doigts ; mais en outre, on parle créole, on se raconte les exploits de Compè Lapin et de Compè Tig assis sous un tamarinier ou regroupés dans la « galerie » et, comme le rappelle Elodie Jourdain avec humour, on n'apprécie guère les histoires de petites filles sages et distinguées sorties de châteaux français.

Elodie se présente sans complexe comme un garçon manqué qui nageait sportivement dans l'océan et les cascades, escaladait les manguiers, cohabitait librement sur la plantation avec les travailleurs noirs, les observait travailler, fréquentait leurs enfants malgré l'interdit et parlait avec eux des choses du sexe. « Nos parents eussent-ils été plus discrets que le contact des noirs nous eût appris tout ce que l'on aurait tu, car eux ne se gênaient pas pour appeler les choses par leur nom et l'on sait la précocité des races noire et indienne en ce qui concerne l'amour. » Ou encore : « Devant les grandes plaques de fer ou de fonte chauffées par des feux de bois, se tenaient en file cinq à six hommes à moitié nus, armés de longs râteaux ou de pelles en bois, qui brassaient à grands gestes la farine disposée sur les "platines". Dur travail qui, avec l'ardeur des foyers, faisait ruisseler sur ces torses bruns ou noirs une sueur abondante. L'odeur qui s'en dégageait, mêlée à celle du manioc chaud ne m'effrayait ou ne m'incommodait nullement, j'y étais habituée et je réclamais ma part de travail, persuadée, comme on l'est à cet âge, de l'importance qu'elle pouvait avoir. »

Mais surtout, ce qui distingue les familles békées des familles aristocratiques de France, c'est le pouvoir réel et symbolique des femmes. Dans chaque habitation vivent plusieurs générations de femmes. Directement ou indirectement, elles sont toutes alliées les unes aux autres, et le plus souvent ont été rapprochées malgré elles par les deuils – les femmes sont, on le sait bien, plus résistantes que les hommes – et les revers de fortune. Dans un chapitre titré « Nos aïeules », Elodie Jourdain rend hommage aux vertus du matriarcat ; à sa mère, à ses tantes et à ses marraines, mais surtout à la mémoire de ses deux grands-mères : Maman Loulou, qui avait vécu la révolution de 1848, exilée à Paris et, peu après son retour à la Martinique, avait perdu son mari ; et Maman Nènène, veuve également, bondissante d'énergie et riche de chansons et de récits créoles. « Maman Nènène nous rendait parfaitement l'atmosphère de son enfance à elle, bercée par ces récits d'esclaves. Avec elle c'était tout le passé de notre île qui nous pénétrait, nous imprégnait d'une poésie spéciale. »

C'est également aux femmes de la maison, à sa mère, à sa bonne métisse et à sa grand-mère que le jeune poète de *Pour fêter une enfance* consacre un chant entier.

>   ... *Mais de l'aïeule jaunissante*
>   *et qui si bien savait soigner la piqûre des moustiques,*
>   *je dirai qu'on est belle, quand on a des bas blancs*
>   *[...](O.C., p.26)*

Une ombre au tableau cependant : la neurasthénie. Elle paraît affecter les femmes plus que les hommes ; on la cache pudiquement derrière des mots qui résonnent d'un romantisme un peu suranné : mélancolie, ennui. Mais elle est bien là, rampante et inexpliquée : « Sont-ce ces deuils cruels, écrit Elodie, qui l'avaient déjà attristée [Maman Loulou], ou sa nature mesurée et distinguée était-elle ennemie de tout éclat, de toute expansion ? » Evoquée dans *Eloges* VIII, la mère du poète « est jeune et [...] bâille » malgré le « poisson buissonneux » qu'on exhibe « pour [l']amuser ». Une question se pose alors. N'auraient-elles pas été, elles aussi, affectées de neurasthénie les belles dames créoles dont les poètes depuis Baudelaire célébraient l'indolence et les « airs noblement maniérés » (*A une dame créole*) ?

Une solidarité à toute épreuve

Dans la société békée, la solidarité est de règle, quelle que soit la nature des malheurs de ses alliés. Après l'éruption à la Martinique de la Montagne Pelée, les planteurs des îles environnantes massivement se mobilisèrent pour secourir les membres éprouvés de leur famille : Elodie et sa famille furent, on le disait, recueillies à la Guadeloupe dans la propriété de l'oncle Le Dentu (l'habitation *La Joséphine*), qui était également – décidément ce monde est petit ! – le grand-oncle d'Alexis Léger.

Sur les îles, on vit toutes maisons ouvertes. Les jours de fête on accueille, les lendemains de tragédies on recueille. On va même, au risque d'en être éprouvé soi-même gravement, jusqu'à éponger les dettes d'un parent qui connaît un revers de fortune. C'est à son père qu'Elodie rend hommage, cette fois, pour rappeler qu'il avait entièrement pris en charge malgré ses propres préoccupations financières les dettes de son beau-père. « Le relief qu'une telle attitude a pu prendre dans notre esprit est certainement dû à l'expérience reçue en France depuis quelque trente-cinq ans. Pour les Européens, tout ce qui touche au portefeuille a une valeur extraordinaire et le désintéressement est chose admirable, mais aux Antilles, cela semble tout à fait naturel et il est fort probable qu'à la place de mon père, tout créole, digne de ce nom, eût agi pareillement. »

Considérée de tout temps par la société békée comme un devoir inconditionnel, la solidarité devait être accrue du fait de la crise économique de la fin du siècle. Aussi, à partir des années 1902, le récit d'Elodie rend-il constamment hommage à ceux de ses oncles et tantes qui, à Fort-de-France, à Basse-Terre ou à Port of Spain (Trinidad) devinrent à la fois créditeurs et hôtes permanents de tous les parents en difficulté.

Une culture de la canne

La crise sucrière des dernières années du siècle frappa en effet de plein fouet les familles békées qui vivaient exclusivement de la culture de la canne. Elle s'explique par la concurrence de la betterave à sucre et par l'augmentation des taxes douanières, mais surtout par la mutation du mode de production du sucre de canne. Se substituant à la rhumerie familiale, l'usine devint l'unité de production : elle traitait les cannes d'un groupement de planteurs avec qui elle était liée par un contrat. Or tout en élevant la productivité, elle abaissa considérablement le prix d'achat des cannes. Aussi les planteurs, malgré les emprunts autorisés par les banques, furent-ils impuissants à conjurer la crise économique. Beaucoup d'entre eux se résignèrent à vendre une partie de leur capital foncier, feront de la contrebande pour échapper aux taxes métropolitaines et, en désespoir de solution, se décidèrent à partir pour la France[1].

Que l'on n'attende certes pas du récit d'Elodie Jourdain qu'il apporte des informations techniques sur les causes et les circonstances de la crise sucrière antillaise. La fille de planteur raisonne en termes concrets et humains, à partir de son expérience de l'habitation, et paraît autant ignorer les mécanismes économiques que les forces politiques montantes. Mais, pour cette raison même, son point de vue strictement ethnologique est intéressant. Car il montre que la mutation du mode de production de la canne qui eut pour première conséquence l'éclatement de la structure de l'habitation en eut une autre, plus grave, la transformation d'une société raciale en société raciste.

Tant que le planteur gouvernait seul son « royaume mi-agricole mi-industriel », qu'il en maîtrisait les rouages économiques depuis la récolte de la canne jusqu'à la vente du sucre, la crainte qu'inspirait à l'homme de couleur son autorité toute-puissante, avait en effet pour revers le respect de « sa grandipotence », selon une expression empruntée au roman de Raphaël Confiant, *Le Commandeur du sucre* (Ecriture, 1994). Celle-ci était fondée d'abord sur la reconnaissance d'un savoir, celui de la culture de la canne qui pouvait se vérifier sur le terrain. Le père d'Elodie est présenté dans son récit, à l'instar de tous les autres planteurs, comme un homme énergique et hardi, luttant physiquement et moralement contre les accidents répétés de la nature, parcourant ses terres à cheval, surveillant les différentes opérations de la fabrication du sucre et du rhum. Quoiqu'il fasse de son maître un portrait féroce, le commandeur, protagoniste du roman de Raphaël Confiant, reconnaît lui-même qu'au milieu d'un champ de canne, il a « l'œil », que la « canne fait partie de sa tête et de ses membres depuis sa haute enfance ».

---

[1] Pour plus de précisions sur les aspects économiques de cette crise, voir Alain Buffon, « Les crises sucrières de la fin du 19ᵉ siècle », dans *Guadeloupe 1875–1914*.

Mais le respect du planteur par le travailleur de couleur est fondé surtout, on ne le dit pas assez, sur une commune hostilité vis-à-vis de la métropole. Le Béké se sent en effet aussi peu hexagonal que l'homme de couleur. Ne donne-t-il pas l'exemple de son manque de civisme en faisant de la contre-bande avec la complicité de ses travailleurs, comme le raconte plaisamment Elodie Jourdain ? Aussi dans les dernières années de ce XIXème siècle où les clivages étaient plus compliqués qu'on n'a coutume de le dire, les planteurs blancs, solidaires de leurs ouvriers noirs et indiens, s'opposeront-ils nettement au parti des assimilationnistes, constitué à la fois des usiniers venus récemment de la métropole et des mulâtres parlementaires. De même que les Anglais des colonies américaines, ils seraient même allés jusqu'à l'autonomie, s'ils en avaient eu les moyens.

*
* *

Renée Dormoy-Léger, *Souvenirs de la Guadeloupe*

« 1899. Départ définitif de toute la famille pour la France, après plus de deux siècles d'établissement aux Iles. » C'est sur un ton volontairement laconique que Saint-John Perse, dans la *Biographie* rédigée par lui-même pour l'édition de la Pléiade de ses œuvres, rapporte le grand déchirement de l'exil à Pau. Renée Léger, mère de quatre enfants, avait à cette date trente-quatre ans (*O.C.*, p.XI). Son mari, Amédée, plus âgé qu'elle, était avocat. A Pointe-à-Pitre, entre les charges qu'il occupait à la mairie et son étude, il avait une position de notable. Brutalement, il se retrouva dans la situation plus modeste d'avoué dans une petite ville de province de la France profonde[1]. En 1907, il mourut subitement, laissant sa femme dans de graves difficultés financières que, toujours à la

---

[1] La raison pour laquelle Amédée Léger décida d'installer définitivement sa famille en France n'a jamais été explicitée, mais elle est vraisemblablement d'ordre essentiellement économique.

troisième personne, Saint-John Perse évoque dans la même *Biographie*. « Saint-Leger Leger interrompt ses études à Bordeaux pour se consacrer aux siens, parmi de graves soucis matériels » (*O.C.*, p.XIII). Ni Renée Léger, ni son fils Saint-John Perse ne retournèrent jamais à la Guadeloupe. Pour garder cette dernière intacte dans leur souvenir, pour qu'elle se construise en mythe d'origine, il fallait sans doute la préserver de tout contact réel. A l'inverse, une mémoire, comme celle de Renée, riche d'anecdotes, de noms et d'expressions créoles, d'exclamations de joie et d'émotion pouvait parvenir, elle n'en doutait pas, à restituer dans toute sa vivacité la présence de l'île.

Il est semble-t-il trois façons de lire ce récit. On peut tout d'abord et un peu superficiellement l'apprécier pour son pittoresque exotique, pour ses descriptions des saveurs et des couleurs d'un pays qui n'avait pas encore été banalisé par les voyages en groupe et les publicités.

Mais une autre manière de le considérer est de le lire comme un témoignage sur la vie et l'esprit colonial aux Antilles dans les vingt dernières années du XIXème siècle. A l'instar de tout témoignage, celui-ci est bien entendu partial ; c'est le point de vue d'une descendante de grand planteur qui épouse les intérêts et les préjugés de sa classe sociale. Il est également partiel ; l'histoire de l'île se résume à celle de Basse-Terre, à savoir celle des riches habitations sucrières au pied du volcan de la Soufrière et, sur Basse-Terre, à celle des deux plantations de la famille Dormoy, *Bois-Debout* et *La Joséphine*. Il n'est question ni de la ville où, pourtant, Renée Dormoy vécut, une fois mariée à Amédée Léger, ni des relations de l'île avec la métropole et avec les métropolitains résidents à la Guadeloupe. Une fois que l'on aura donc admis que Renée Léger a appris dès le berceau à diviser le monde entre ceux qui possèdent la terre (les grands blancs) et ceux qui sont à leur service (les gens de couleur), qu'elle ne remet jamais en question la supériorité de la race blanche et regarde les gens de couleur avec un mélange de curiosité sympathique et de défiance, on saura apprécier la véracité d'un récit qui retrace, de l'intérieur et loin des visions idylliques chères aux amateurs d'exotisme du XIXème siècle, la dure vie quotidienne des planteurs antillais. Les années dont il est question sont en effet, rappelons-le, celles où, à la suite de la crise de la canne à sucre, s'amorce le déclin de la société des Blancs créoles, et particulièrement des propriétaires des grandes habitations sucrières, dont est issue la famille Dormoy. Le premier intérêt de ce récit est donc de faire partager à son lecteur la réalité antillaise qu'une fille et petite-fille de propriétaires terriens avait vécue pendant les trente-quatre premières années de sa vie et vers laquelle la nostalgie la ramenait une fois exilée à Pau, alors qu'elle avait pour horizon, à la place de la mer des Caraïbes et ses chapelets d'îles, la barre des Pyrénées.

Renée Léger a peu ou prou le même point de vue sur le monde social antillais qu'Elodie Jourdain, point de vue qui trouve son origine dans le mode de vie propre à l'habitation. Dans la belle demeure de *Bois-debout*, aux portes et fenêtres ouvertes jour et nuit, on vit non seulement en contact avec les alizés qui tempèrent la chaleur, et avec le volcan de la Soufrière et ses fumerolles souvent menaçantes ; mais surtout, on croise quotidiennement un microcosme social qui est, à peu de choses près, l'échantillonnage de la population insulaire : les Indiens et les Noirs font partie de la famille. Comme tous les enfants créoles, comme Elodie, Renée eut une Da (nourrice) de couleur et elle connaît les noms et l'histoire de tous ceux qui servent ses parents ; les vastes plantations de canne à sucre entourent la maison, elle y accompagne son père à cheval – Renée est une excellente cavalière – et suit de près la transformation de la canne en sucre ; les cousins, les oncles et tantes sont innombrables et les tablées immenses ; on y parle créole, on y mange le colombo épicé de poisson ou de cabri et les savoureuses mangues.

Or cette réalité, de laquelle elle se sent visiblement si proche au moment où elle la relate, elle ne cherche pas à en édulcorer les violences et les menaces pour l'avenir : elle aime à rappeler que les rivières étaient dangereuses, que le volcan grondait par moments et que les cyclones étaient ravageurs. Quant aux Indiens, très présents dans ce récit, elle observe avec un respect mêlé de crainte leurs costumes, leurs rites et leurs explosions de violence qui, pour l'instant, par chance... ne s'exercent qu'entre eux.

Rappelons enfin que l'auteur de ce court récit est la mère d'un des plus grands poètes antillais. Comment pourrait-on négliger ce détail ? Avant de rédiger ses souvenirs à l'intention de son petit-fils, combien de fois les a-t-elle donc rapportés à ses propres enfants ! On aime donc à penser, et c'est le troisième intérêt de ce récit, que ces anecdotes tissées de chansons et d'expressions créoles, rapportées sans aucune prétention littéraire, plus près de la forme orale qu'écrite, ont servi de terreau à l'imagination d'un enfant mal remis d'avoir quitté à douze ans son île natale. De fait, une partie de l'univers d'*Eloges* est déjà là et le point de vue est parfois le même : le monde des femmes de couleur, la beauté de leurs corps et le plaisir de percer le secret de leurs rites ésotériques ; les noms propres, les noms des choses et la jubilation mise à les énumérer ; la gaieté des femmes dans la maison et la gravité des hommes dans les champs ; le naturel de la vie familiale et la vie dans la nature.

Mais le matériau est brut, c'est un état du lieu, le regard est impersonnel, il s'identifie avec celui de la classe des planteurs. Saint-Leger Leger, en signant à dix-sept ans de son premier surnom *Images à Crusoé*, voulait faire entendre en revanche que la Guadeloupe était pour lui bien plus qu'une colonie, plus même qu'un lieu de naissance : elle constituait les fondations de son être poétique. Mais une telle reconnaissance avait exigé un arrachement douloureux et lucide. Il avait fallu admettre, alors qu'il avait à peine dix-sept ans, que l'île natale était définitivement perdue, et que le bonheur de son enfance était entièrement à recréer sous la forme d'un poème.

Ainsi, comme s'il avait été paralysé par le fantasme exotique, le Créole blanc n'a pas eu le courage de prendre son autonomie littéraire avant la fin du siècle dernier. Mais pour des raisons difficiles à saisir, il a préféré la littérature confidentielle, à usage familial, à la publication. Et le cas de Saint-John Perse n'est peut-être qu'une exception qui confirme la règle si l'on pense aux réticences qu'il eut à accepter la publication de ses premiers poèmes d'*Eloges* et à son goût prononcé pour le pseudonymat.

Encore fallait-il que cette littérature échappe aux discours idéologiques dans lesquels elle a été enfermée longtemps par la critique universitaire. Une certaine anthologie de la littérature francophone, éditée à l'usage des étudiants français – ne la citons pas par charité ! – n'écrivait-elle pas en 1986 que Saint-John Perse était le plus grand poète esclavagiste ? Le temps est venu aujourd'hui d'une lecture non partisane, et l'exemple nous en est donné paradoxalement du côté des Antilles. Que l'on pense seulement à l'épilogue du roman de Raphaël Confiant que l'on ne peut pas suspecter, au contraire d'Élodie Jourdain, d'apologie békée. Malgré la crise de la fin du siècle, malgré ses engagements politiques, le commandeur décide de rester sur la plantation plutôt que de partir pour la ville après s'être dit qu'après tout « la canne est le poteau mitan du pays ».

Henriette Levillain

PRINCIPES DE L'ÉDITION

Le Sablier renversé d'Elodie Dujon-Jourdain est constitué de chapitres de longueur inégale selon une chronologie continue. On a donc conservé très exactement la présentation originelle et les titres. On a supprimé, par contre, certains passages que l'on a estimés trop exclusivement familiaux, longues généalogies ou discussions autour des mariages et des héritages. Le récit comporte des notes en bas de page que l'on a conservées telles quelles. Afin de les distinguer de celles-ci, les notes de l'éditeur actuel figurent entre crochets.

Les *Souvenirs de la Guadeloupe* de Renée Dormoy-Léger sont, quant à eux, racontés plutôt que composés. On a conservé leur style oral, les majuscules, très généreuses au regard de l'usage moderne, mais par contre modifié le plan en regroupant certains thèmes, ajouté des intertitres, supprimé les rares fautes d'orthographe (tout en respectant celle de l'époque), modernisé la ponctuation et ajouté quelques notes pour éclairer les usages et les termes créoles.

BIBLIOGRAPHIE

(Sauf mention contraire, le lieu d'édition est Paris.)

Histoire, sociologie

Bangou, Henri, *La Guadeloupe*, 1962, rééd. L'Harmattan, 1987

Bruley, Georges, *Les Antilles pendant la Révolution française*, préface de Carmen Vélasquez, Éditions caribéennes, 1989

Corzani, Jacques, *Dictionnaire encyclopédique des Antilles et de la Guyane*, Fort-de-France, Emile Désormeaux, 6 vol., 1992-1997

Debbash, Yvan, « Essai sur la désertion de l'esclave antillais », *L'Année sociologique*, PUF, 1962

Debbash, Yvan, « Le marronnage, II : La société coloniale contre le marronnage », *L'Année sociologique*, PUF, 1962

Labat, J.-B., *Voyage aux Isles. Chronique aventureuse des Caraïbes, 1693-1705*, éd. Michel Le Bris, Paris, Phébus, 1993

Lara, Oruno, *La Guadeloupe dans l'histoire*, 1921, rééd. L'Harmattan, 1979

Lara, Oruno Denis, *Les Caraïbes*, PUF, « Que sais-je ? », n° 2267, 2ᵉ éd., 1997

Le Boucher, Léon, *La Guadeloupe pittoresque*, Société d'éditions géographiques, maritimes et coloniales, 1931

Marseille, Jacques, *L'Age d'or de la France coloniale*, Albin Michel, 1986

Nicolas, Armand, *Histoire de la Martinique depuis les origines jusqu'à 1939*, 2 vol., L'Harmattan, 1996

Thiébaut, Claude, *Guadeloupe 1899, année de tous les dangers*, préface de Henri Bangou, L'Harmattan, 1989

Thiébaut, Claude, « Comment peut-on être Créole ? » dans *La Guadeloupe, 1875-1914*, série « Mémoires », n° 28, Autrement, 1994

Ouvrages collectifs, colloques consacrés aux Antilles (au tournant du XIXème et du XXème siècles)

Antillanité et universalité de Saint-John Perse. Colloque de Pointe-à-Pitre, 30 mai–1er juin 1987, édité par Henriette Levillain et Mireille Sacotte, Éditions caribéennes, 1988
Guadeloupe 1875-1914. Les soubresauts d'une société pluriethnique ou les ambiguïtés de l'assimilation, ouvrage collectif dirigé par Henriette Levillain, Autrement, série « Mémoires », n° 28, 1994
Black Accents: Writing in French from Africa, Mauritius and the Caribbean, edited by J. P. Little and Roger Little, London, Grant and Cutler, 1997

Monographies

Blandin-Pauvert, Arlette, *Au temps des mabos. La société des blancs créoles en Guadeloupe a début du siècle*, Fort-de-France, Emile Désormeaux, 1986
Corre, Armand, *Nos créoles, étude politico-sociologique, 1890*, réédité par Claude Thiébaut, Autrement Mêmes n° 2, L'Harmattan, 2001
Gallagher, Mary, *La Créolité de Saint-John Perse*, préface d'Edouard Glissant, Cahiers Saint-John Perse n° 14, Gallimard, 1998
Levillain, Henriette, « Les douze premières années d'Alexis Léger » dans *La Guadeloupe, 1875–1914*, série « Mémoires », n° 28, Autrement, 1994
Sacotte, Mireille, *Saint-John Perse*, Belfond, 1991, rééd. L'Harmattan, 1999
Schmidt, Nelly, *Victor Schœlcher*, Fayard, 1999
Ventresque, Renée, *Les Antilles de Saint-John Perse. Itinéraire intellectuel d'un poète*, L'Harmattan, 1993
Ventresque, Renée, *Le Songe antillais de Saint-John Perse*, L'Harmattan, 1995

A Hélène Huyghues Despointes
A Philippe Dormoy
Toute ma gratitude pour la confiance
qu'ils m'ont accordée.

Avec mes vifs remerciements
A Denise Derivery
Et à Claude Thiébaut
Pour leurs judicieux conseils de créolistes.

Elodie Dujon-Jourdain

Le Sablier renversé

AVANT-PROPOS

Martinicae Matri

S'il est des lieux où « souffle l'esprit », il en est certainement d'autres qui accrochent le cœur, le tiennent pour toujours captif alors même qu'on les a quittés librement au risque de n'y plus revenir. Il suffirait de citer dans une société créole de Paris, par exemple, le nom de la Martinique pour se convaincre du rôle et de la place que tient cette île dans la pensée de toux ceux qui y sont nés et y ont passé leur enfance. Ce n'est pas toujours un sentiment nostalgique. Le regret d'un climat qui, par comparaison avec les rigueurs de certains hivers, peut paraître édénique, la douce liberté qu'on y goûte, la beauté même du pays ne suffiraient certainement pas à expliquer l'obsession particulière qui nous porte à le prendre sans cesse comme repère, comme mesure, ou comme exemple, dans les moindres circonstances de la vie. Tant de phrases commencent par : « A la Martinique... » qu'elles ont pu faire sourire des interlocuteurs ironiques. Pourquoi diable l'avez-vous quitté ce pays ensorceleur, pourraient-ils logiquement dire, si vous deviez le regretter éternellement ? » En quoi ils se tromperaient, ce n'est pas un regret que nous portons en nous, mais une présence toujours sensible et dont nous aimons parler pour la sentir plus proche, plus vivante. Mais de même qu'on peut connaître parfaitement les défauts d'une mère tendrement chérie et ne pas admettre qu'un autre en discute, de même nous n'ignorons rien de ce qui manque à notre île pour qu'elle soit ce paradis qu'on nous accuse peut-être de vouloir présenter aux autres. C'est sans doute parce qu'elle nous a faits ce que nous sommes que nous l'aimons telle qu'elle est, voilà tout.

Pour moi, par exemple, que représente la Martinique ? Un pays, une famille, des amis, ma jeunesse, c'est plus qu'il n'en faut pour me demeurer éternellement chère ; en ressuscitant mes souvenirs d'enfance, en parlant de ma famille et de nos amis, je ferai comme ces mosaïstes qui assemblent patiemment une multitude de petites pierres, sachant très bien quelle image apparaîtra au bout de leur travail ; au bout du mien, j'espère qu'on apercevra de la Martinique un portrait assez vivant pour que mes petits-enfants et mes arrière-neveux s'y attachent et me pardonnent mes radotages.

CHAPITRE I

LA RIVIERE BLANCHE

Ainsi que l'a conté ma grand'mère, je suis née le 12 février 1891 à la Rivière Blanche, propriété située à 3 kilomètres de Saint-Pierre sur la paroisse de Sainte-Philomène, modeste village en bordure de la mer, que dominaient les premiers contreforts du massif de la Montagne Pelée et, parmi eux, une étrange colline en forme de cercueil et aux flancs verticaux que l'on appelait le « Coffre à mort ». Mon imagination d'enfant avait soudé ce nom pittoresque à une légende, ou, si l'on veut, à un fait d'histoire locale relatif aux Caraïbes. Mon père nous avait raconté que ces anciens possesseurs de notre île avaient combattu courageusement pour se soustraire à la domination des blancs et que, repoussés de partout, la plupart avaient cherché refuge dans les îles voisines : la Dominique et Saint-Vincent. Dans un de ces combats, un parti de Caraïbes s'était trouvé acculé au bord d'une falaise et, plutôt que de se rendre, avait préféré mourir en se jetant délibérément dans les rochers ou dans la mer. Le « Coffre à mort », c'est-à-dire le cercueil, était devenu immédiatement pour moi « Le Coffre à morts » car il me semblait impossible que ce ne fût pas là le tombeau prédestiné des derniers Caraïbes. Plus tard, j'ai retrouvé dans les récits du Père du Tertre, le premier historien des Antilles, l'histoire de ces « combattants » désespérés, mais cette « Montagne des Sauteurs », ainsi qu'il l'appelle, ne m'a pas semblé devoir être identifiée, comme je l'avais fait, avec notre « Coffre à mort » ; c'est dommage : l'étrange colline dénudée méritait certainement de servir de cadre à la première image qui m'ait été donnée du passé historique de mon pays.

Mais ce n'est sans doute que vers l'âge de quatre ou cinq ans, que j'ai pu étendre ainsi mes connaissances et les limites de mon royaume. Mes souvenirs les plus lointains sont tous localisés au « plateau de la Rivière Blanche », c'est-à-dire à la partie plane ou nivelée de la colline où les premiers défricheurs du sol avaient disposé les bâtiments qui, au XVIIème siècle, constituaient « l'habitation ».

En somme, chaque concession comportait avec les locaux d'exploitation, une maison de maître plus ou moins importante et les chaumières des esclaves ou, plus tard, des travailleurs noirs ou hindous : les cases à nègres ou les cases à coolies. C'était à l'origine un petit monde clos, isolé, qui devait se suffire à lui-même, les communications difficiles se faisant uniquement à cheval, d'où la nécessité pour le maître d'entretenir à peu près tous les corps de métiers : charpentier, maçon, couvreur, charron, etc. A ceux-là s'ajoutaient naturellement les ouvriers spécialisés de l'exploitation de telle sorte que c'était un village en miniature au centre duquel se mouvait en toute liberté l'enfant-roi, l'enfant blanc, auquel la troupe des travailleurs accordait la même déférence qu'au chef de famille.

J'ai conservé intacte dans mon souvenir (et mes cousins Huc, aussi bien que mes sœurs ont pu en vérifier l'exactitude) la topographie de la Rivière Blanche ; mais ce que le plan ne saurait rendre, c'est le relief du sol. Actuellement, ce relief lui-même est entièrement bouleversé ; la vallée du torrent, qui a donné son nom à la propriété, a servi de déversoir aux diverses éruptions qui, en 1902 d'abord, en 1929 ensuite, ont ravagé en éventail la partie de l'île s'étendant du Carbet au Prêcheur. Amas fantastique de bombes volcaniques, de cendres, de pierres ponces, la Rivière Blanche est un paysage lunaire où ne subsiste rien de reconnaissable, même du sol, et si l'on peut situer à peu près exactement l'emplacement de « l'habitation », c'est en se rapportant à quelques repères tels que la mer, le « Coffre à mort » et la vallée actuellement comblée de la Rivière. Petit monde disparu tragiquement, petit monde d'autrefois, attaché encore au passé par mille liens vivants : nos grands-parents, nos vieilles Das, nos vieux travailleurs dont quelques-uns avaient connu l'esclavage, quand notre génération à nous aura disparu, l'image qui en subsiste au fond de notre mémoire s'éteindra pour toujours et la « Rivière Blanche » ne sera plus qu'un nom vide de sens. N'est-ce pas un vain souci que d'essayer d'en prolonger la résonance ?

CHAPITRE II

LE CYCLONE

C'est déjà une catastrophe qui marque mon entrée dans la vie : un cyclone épouvantable, très peu de temps après ma naissance, en détruisant toutes les plantations, en renversant la maison, a non seulement ruiné ma famille, mais bien failli la détruire entièrement. Par bonheur mon père, comprenant le danger, décida de nous abriter tous dans une partie voûtée et quasi-souterraine de la rhumerie et c'est à cette précaution que nous avons dû la vie.

Voici, d'après les souvenirs de ma sœur Juana, qui avait neuf ans, les péripéties de ce cyclone de 1891 :

« Les grandes vacances avaient commencé depuis un mois environ, nous apportant l'habituel contingent de plaisirs et de peines dont l'alternance constitue toute vie humaine. Pour nous, les enfants, les peines étaient représentées seulement par les contrariétés ou disputes qui, parfois, dans nos jeux nous opposaient l'un à l'autre, alors que les joies naissaient et renaissaient chaque jour, et presque à chaque heure, de notre libre existence d'évadés du collège et du couvent.

« Cependant nous ne devions pas tarder à prendre notre part des inquiétudes que donnerait à nos parents notre frère Noche qu'un grave accident immobiliserait pour un temps. Ce n'était pas le premier que lui valait sa turbulence et, deux ans auparavant, il avait failli perdre la vie assez tragiquement mais ce malheur nous avait été épargné.

« Cette année-là, le grand jeu inventé par nos frères était les échasses ; je ne sais qui avait parlé devant eux de ce moyen de marcher dans les marais ou les landes humides, aussitôt ils n'avaient eu de cesse que Durancy, le charpentier, ne leur en eût fabriqué une paire à chacun. Même Noche, qui avait alors sept ans, avait exigé sa paire d'échasses ; on avait cédé à son désir, mais à la condition qu'il se contenterait des siennes et n'emprunterait pas celles de ses aînés, lesquelles mesuraient un mètre cinquante à hauteur des pieds. Bien entendu cette défense donnait un prix extraordinaire aux échasses trop élevées, même pour des garçons de quinze et quatorze ans comme Charlot, Juanito et René Le Dentu ; et, très rapidement, Noche avait appris à s'en servir et s'en servait, dès que Papa tournait le dos. Un jour qu'il était en train d'arpenter la cour ainsi équipé, et sous l'œil trop indulgent des grands toujours très fiers des prouesses de leur petit frère, René Le Dentu s'amusait à son tour à lui passer entre les jambes, monté sur les petites échasses ; un mouvement maladroit de l'un d'eux, et voilà Noche par terre. Il s'était fait très mal, et il lui fallait tout son rare courage physique pour retenir les larmes prêtes à couler. Mais comment pleurer quand on a désobéi et qu'on risque non seulement de se faire punir, mais encore de faire punir un cousin en visite ? Il n'en était pas question et personne, pas même l'auteur de l'accident, René, ne sut à quel point Noche avait dû se dominer. Il continua d'ailleurs à le faire, car décidément la douleur née du choc contre le sol ne voulait pas s'en aller ; cela n'empêchait aucunement notre petit frère de participer à tous les jeux organisés quotidiennement ; mais il lui échappait parfois un réflexe de souffrance et ce fut ainsi que notre oncle Joseph Marry découvrit le secret observé par lui : courbé en avant, sur son cheval, Noche avait une posture si bizarre de petit bossu que notre oncle lui fit mettre pied à terre et le déshabillant, sans un mot, commença à le palper. Son œil et son remarquable toucher de chirurgien eurent vite fait de déceler le mal : un abcès très proche de la colonne vertébrale et qui demandait une intervention rapide.

« Il la fit dès le lendemain ou surlendemain et nos parents parlèrent longtemps de leur angoisse quant à l'avenir : cet enfant n'allait-il pas rester bossu ? Cet abcès n'était-il pas le mal de Pott déjà en formation et que la chute avait déclenché ? Mais non, Tonton Jo n'était pas pessimiste et il s'était contenté d'immobiliser le petit malade au lit avec un drain, pour continuer à vider l'abcès. Noche devait ronger son frein, mais nous espérions tous qu'il pourrait se lever au moins pour le baptême qui devait avoir lieu le 20 août, celui de notre petite cousine, nouvellement née à la Rivière Blanche, Eugénie Marry. Tante Amélie était en effet venue faire ses couches chez nos parents afin de se trouver à proximité de Saint-Pierre et surtout de son beau-frère, Joseph, appelé à l'assister. L'événement s'était très bien passé trois semaines auparavant et l'on s'apprêtait à baptiser l'enfant avant qu'elle ne reprît, avec ses parents, le chemin du Prêcheur. Déjà le champagne, commandé pour la fête qui devait grouper toute la famille, était arrivé et nous nous promettions d'avance beaucoup de plaisir de cette réunion, mais notre oncle Raoul n'était pas encore à la Rivière Blanche et ne devait quitter le Marry que le lendemain.

« Le 18 août, le temps qui, depuis le matin, semblait assez incertain et comme troublé, se gâta tout à fait vers 5 heures ; le baromètre baissait avec une rapidité effrayante et Papa ne le quittait pas des yeux. Nous avions surpris son inquiétude et l'avions traduite en termes précis : « Un cyclone peut-être se préparait » et nous étions partagés entre la crainte naturellement suggérée par ce mot, et le plaisir d'être mêlés à une aventure d'importance. Pour mes frères surtout, il y avait un côté très excitant à la chose, car Papa n'avait pas repoussé l'offre qu'ils avaient faite de leurs bras et déjà les employait à clouer les volets : les contrevents, comme on dit chez nous. Ils passaient et repassaient, l'air à la fois fier et préoccupé, armés d'un marteau et d'énormes clous et s'acquittaient assez habilement de leur tâche. Pendant le dîner, l'ouragan grandit encore et nous comprîmes qu'on ne se coucherait pas ce soir-là, Papa ayant recommandé de ne pas nous déshabiller.

« Après le dîner, nous nous étions tous réunis dans la galerie autour de Papa Marry et chacun donnait son opinion sur l'importance du phénomène et sur le danger qu'on pouvait courir à demeurer dans la maison, quand soudain on entendit des craquements effroyables et un bruit énorme qui, par trois fois, se répéta, on comprit que c'étaient les trois gros tamariniers de la cour qui venaient d'être renversés. Une inquiétude plus vive se peignit sur le visage de Papa, il se disait sans doute que, si le vent avait eu la puissance d'arracher du sol de si puissants arbres, il pourrait aussi bien renverser sur nous la maison. Déjà depuis longtemps, il n'y avait plus une tuile sur le toit et les combles enlevés laissaient ruisseler la pluie ; il valait peut-être mieux se réfugier au pavillon, qui, n'ayant pas d'étage, offrirait moins de danger. Mais le passage d'une maison à l'autre serait évidemment très difficile, avec tant de femmes, d'enfants et un infirme qu'il faudrait transporter[1]. Pendant qu'on hésitait sur les moyens à prendre, Maman Loulou avait gagné le premier étage à la recherche d'un cierge de la Chandeleur. Chacun sait, à la Martinique que, durant l'orage, un cierge béni, le 2 février, jour de la Purification, a le pouvoir, étant allumé, de calmer la tempête et notre grand'mère Huc espérait vérifier le bien-fondé de cette croyance. Armée de son cierge, elle redescendait et en était à la dernière marche, quand un nouveau fracas ébranla la maison. Derrière elle, l'escalier venait de s'effondrer. Il n'y avait plus une minute à hésiter, il fallait quitter la maison.

« Voici que précisément arrivait un précieux secours en la personne de Justin Duton, le brave chef de fabrication à la rhumerie. Il aiderait Papa à transporter Papa Marry, et Charlot et Juanito s'occuperaient des plus petits, tandis que Maman et tante Amélie se chargeraient des deux bébés : Elodie qui avait six mois et Ninie qui n'avait que 22 jours. Comment les protéger des tuiles qui tombaient et, pis encore, des plaques de tôle ondulée qui couvraient la rhumerie et qui, aux dires de Justin volaient littéralement, risquant de décapiter ceux qu'elles rencontreraient ? Au-dessus de la tête de Ninie, on étendit un grand volume du « Tour du monde » ouvert comme un petit toit et le cortège s'ébranla. Seul l'Abbé Beyrines demanda à rester dans la maison, soit qu'il ne voulût pas être mêlé à la foule qui allait se réunir dans sa propre chambre, soit qu'il crût que ses prières et sa présence protégeraient la maison. Pour ouvrir la porte, il fallut toute la force herculéenne de Papa ; il parvint enfin à triompher de la poussée du vent, et, à la clarté sinistre et quasi-ininterrompue des éclairs, nous vîmes alors l'état effrayant de la cour. Jonchée de tuiles et de tôles, elle était encombrée par les corps énormes et les branchages des trois tamariniers qui dressaient vers nous l'amas de leurs racines. Quelqu'un, à haute voix, les compara à d'immenses et menaçantes pieuvres de gigantesques « chatroux », comme on dit à la Martinique. Ce mot de « pieuvres » que, sans doute, j'ignorais et qui était peut-être une réminiscence du Gilliat de

---

[1] Le second mari de notre grand'mère, « Papa Marry », était atteint d'une arthrite de la hanche qui lui avait rendu la marche impossible. Il s'appuyait sur des béquilles ou le plus souvent se faisait rouler dans un fauteuil.

Victor Hugo[1], me frappa vivement et resta lié longtemps au souvenir du cyclone et des tamariniers renversés.

« Bien que le passage de la maison au pavillon fût étroit, nous arrivâmes trempés dans la chambre de l'Abbé Beyrines. On nous installa tous sur le lit, c'est-à-dire tous les enfants, moi comprise, et nous n'arrivâmes pas à nous réchauffer ; j'entends encore la voix zézayante d'Andrée qui venait d'avoir trois ans, se plaignant du froid. Papa, harcelé sans doute de soucis, car il pensait bien que ce cyclone le ruinerait en partie, si même il ne tuait personne, s'impatientait de l'entendre pleurer ; il aurait voulu voir tout le monde courageux autour de lui, même les tout petits. Bien entendu, Noche ne se plaignait de rien, il avait quitté son lit, marché comme tout le monde et personne ne s'inquiétait de savoir si son pansement tenait encore.

« Justin raconta à Papa que sa famille à lui avait trouvé un abri qui lui paraissait sûr à la rhumerie dans la partie que tout le monde appelait le « caveau ». C'était une sorte de resserre en contrebas du niveau général de plain-pied avec le sol, une petite cave voûtée, chose rarissime aux Antilles et qui, primitivement, avait pu être précisément un abri contre le vent. Papa résolut immédiatement de nous diriger vers la rhumerie et le caveau. Il fallut de nouveau transporter Papa Marry et les deux bébés et, cette fois, sur un bien plus long parcours, rendu très difficile par le branchage enchevêtré des tamariniers que, par endroits, il fallait enjamber ; puis descendre par l'escalier si étroit et si raide de la rhumerie. Enfin on s'en tira tout de même et nous parvînmes au caveau où, très gentiment, la femme et les enfants de Justin nous firent large place. On alla chercher des sacs et, par terre, on les étendit pour nous permettre de nous coucher ; on nous donna même du linge sec, grâce à celui qu'on avait trouvé chez l'Abbé Beyrines au Pavillon, mais quels accoutrements ! Nous disparaissions tout entiers dans les chemises de l'Abbé et Maman s'empêtrait dans la soutane qu'elle avait revêtue. Papa trouvait tout de même l'occasion de rire devant ce spectacle. Malheureusement, Papa Marry trop grand, n'avait pu échanger ses vêtements trempés contre des

---

[1] [Héros célèbre des *Travailleurs de la mer*. Seul dans une grotte marine, il se trouve aux prises avec une immense pieuvre.]

habits secs, aussi est-ce à lui d'abord qu'on pensa, quand un voisin, monsieur Emmanuel Berté, en villégiature aux Cocotiers[1], avec sa famille, accouru à notre secours, proposa d'aller chez lui chercher des vêtements. Le vent avait cédé, tout danger semblait écarté, mais il ne pouvait être question de quitter la rhumerie, car là, du moins, on était à l'abri de la pluie. On accepta donc et une demi-heure après, Papa Marry pouvait quitter ses vêtements trempés. C'était trop tard, il avait eu très froid et c'est à cette circonstance qu'on attribua l'aggravation de son mal, qui, quelques semaines après, devait le conduire au tombeau. Pour le moment, il acceptait avec beaucoup de patience (une patience dont il n'était pas toujours coutumier) toutes les incommodités de notre situation plus pénible pour lui, du fait de son impotence, que pour personne.

« Quant à nous, les enfants, nous trouvions l'aventure vraiment passionnante : coucher par terre sur des sacs dans le caveau de la rhumerie, ce lieu sacro-saint qui était interdit à nos parties de cache-cache, vraiment c'était là un souvenir à conserver.

« Nous finîmes cependant par céder au sommeil et achevâmes tranquillement la nuit si tragiquement commencée.

« Dès notre réveil, nous voulûmes rejoindre nos parents qui, tôt levés, étaient en train d'évaluer les dégâts causés par l'ouragan. Ils étaient considérables : la maison était restée debout, mais le toit, les combles avaient été arrachés et l'escalier détruit ; le pavillon également découvert ainsi que les communs, la rhumerie et la gragerie. La cour était littéralement jonchée de tuiles et de feuilles de tôle ondulée. Sur tous ces débris s'étendaient les arbres renversés ; au grand jour, leurs racines n'avaient plus l'aspect inquiétant de serpents ou de poulpes, mais combien c'était triste de penser qu'ils allaient mourir. Papa résolut pourtant de les replanter disant qu'il serait toujours temps de les abattre s'ils ne reprenaient pas. Mais avant de songer à nos beaux tamariniers, il fallait penser à nous, à nous préparer un abri et déjà Charlot et Juanito avaient commencé à rassembler les tuiles qui pouvaient encore servir,

---

[1] Cette petite maison avait été construite après le retour de Porto-Rico de notre grand'mère Maman Nènène, et son premier occupant avait été son père, Papa Gros.

immédiatement Noche, Lily et moi nous proposâmes notre aide qui fut acceptée ; nous faisions des petits tas de tuiles que nos frères venaient chercher et qu'ils distribuaient à Papa et à Durancy qui, grimpés sur la charpente de la toiture du pavillon, s'occupaient à le couvrir.

« Vers huit ou neuf heures, nous vîmes arriver notre oncle Joseph Marry ; il était venu de Saint-Pierre, à pied, bien entendu, aucune voiture ne pouvant franchir les obstacles accumulés sur la route. Il portait au bras une corbeille remplie de petits pains, prévoyant que, ce matin-là, il nous serait difficile d'organiser un déjeuner. Notre dénuement était pire encore qu'il ne l'avait supposé, toutes les provisions contenues dans la maison étant mouillées ou momentanément inutilisables. Tonton Jo repartit donc immédiatement pour Saint-Pierre où d'ailleurs l'appelaient ses devoirs de médecin, en nous promettant de nous renvoyer des provisions. Ce fut tante Rosette elle-même qui, accompagnée de son cocher et de sa cuisinière, nous les apporta.

« Les domestiques avaient organisé un foyer en plein vent ; tant bien que mal, mais plutôt mal que bien, ils purent préparer un repas auquel tout le monde fit honneur et qui nous parut un pique-nique d'autant plus délicieux qu'il fut copieusement arrosé de champagne. C'était en effet la seule boisson qui s'offrît à nous : l'eau, polluée par la pluie torrentielle, était imbuvable et, en fait de vin, nous n'avions retrouvé sous les décombres que la provision de champagne disposée dans l'office pour le prochain baptême de Ninie Marry. Il y avait aussi du rhum et, déjà le matin, les employés de la régie, venus aux nouvelles, avaient été gratifiés d'un punch corsé, auquel, pour une fois, ils n'avaient point réclamé l'estampille des droits dûment acquittés. Evidemment l'ironie des faits pouvait sembler amère : déguster du Cliquot devant les décombres de sa maison, cela n'est pas donné à tout le monde mais nos parents se disaient avant tout que nous avions de la chance d'être sortis tous vivants de cette catastrophe ; car pour le pays c'était une terrible épreuve. Outre les dégâts matériels, nombreuses étaient les victimes : sur la côte orientale de la Martinique, aux îlets du François et du Robert, à la Trinité, on citait plusieurs familles très éprouvées et, plus près de Saint-Pierre, le Morne-Rouge avait été particulièrement frappé.

Tonton Jo ou Tante Rosette avaient parlé de la mort de deux enfants : Rose-Marie O'Lanyer et Béatrix Berne sans penser que c'étaient deux de mes compagnes du couvent !

« Je fus très frappée de cette nouvelle, mais l'heure étant au courage, je ne voulus rien en laisser paraître. Pour pleurer à mon aise, je courus me cacher dans le seul endroit où je pouvais librement m'enfermer au verrou : au cabinet que, pudiquement, nous appelions à la Rivière Blanche « chez Dame Rose » ; la mère de notre Da Rosina, Rose Desfriches ayant sa case tout près, on empruntait son nom pour masquer des visites moins avouables en société. Mon absence ne fut pas remarquée, mais ma prétendue indifférence à la fin tragique de mes compagnes, de Béatrix surtout, que j'aimais tendrement, le fut bien à mon désavantage. Je me souviens encore de ma peine quand, le soir, j'entendis Maman dire à Papa : « Comme les enfants restent indifférents à la mort, même tragique ! Vois Juana qui avait l'air si attachée à la petite Berne, elle n'a pas versé une larme en apprenant le malheur qui lui est arrivé. Et cette Rose-Marie O'Lanyer si charmante, te souviens-tu, dans son déguisement d'astronome à la dernière distribution des prix, cela ne lui fait rien de penser qu'elle est morte ! » – « Tant mieux, dit Papa, elle aura toujours le temps de souffrir ! » Hélas ! comme ils se trompaient, du moins pour un temps je fus très sensible à la disparition de mes amies, mais jamais je n'eus le courage d'avouer les larmes qu'elles m'avaient fait verser.

« L'après-midi du 19 août fut marquée par un événement important et qui eut plus tard des conséquences très sérieuses pour Andrée : Tonton Joseph et Tante Rosette qui, depuis sa naissance, avaient déclaré à Maman qu'ils désiraient vivement garder auprès d'eux leur filleule, décidèrent de l'emmener chez eux à Saint-Pierre pour soulager un peu la famille, ce fut là l'origine d'une adoption qui, pour n'être pas légalement réglée, fut cependant totale et devait aboutir à l'établissement de notre sœur à la Trinidad où, après l'éruption de 1902, notre oncle et notre tante avaient cherché refuge.

« En même temps que les Joseph Marry, les Raoul Marry, c'est-à-dire Tante Amélie et ses deux enfants quittèrent la Rivière Blanche où il devenait trop difficile de loger tant de monde, puisque seules les deux pièces du pavillon demeuraient habitables.

« Nos deux grands-mères, nos parents, Papa Marry, l'Abbé Beyrines, mes frères, mes deux petites sœurs et moi-même nous campâmes tant bien que mal, mais je n'ai plus le souvenir précis de cette installation. Je me rappelle seulement que durant plusieurs semaines, tous les jours au déjeuner ou au dîner (qu'on servait dans une magnifique vaisselle dorée 1er Empire, toutes les assiettes de faïence ayant été brisées), nous mangeâmes du « chou coco ». Il fallait bien utiliser, au moins en partie, tous ces pauvres cocotiers renversés par le cyclone et si bon que ce fût, ce mets relativement rare, car on hésite à abattre un cocotier pour en manger le cœur, nous finîmes par en être dégoûtés. Un autre souvenir très net fut la surprise de mes parents quand, le surlendemain du cyclone, on voulut panser Noche (que, pendant 48 heures, on avait purement et simplement oublié), de constater la disparition du drain laissé dans sa plaie et la guérison totale de l'abcès. Ils virent dans ce fait une compensation à leurs autres soucis et en remercièrent Dieu.

« Dès que les routes furent à peu près déblayées, les Raoul Marry qui avaient passé quelques jours chez des parents à Saint-Pierre regagnèrent le Prêcheur, et nous eûmes à la Rivière Blanche la visite de Tonton Edouard et de Tante Anna Huc. Ils venaient chercher Lily. Bientôt ce fut mon tour de partir, Tante Adeline de La Garrigue, ma marraine, ne manquant jamais de me réclamer à Bassignac pour une partie des vacances. Mon départ suivit le triste événement qui avait réuni à la Rivière Blanche toute la famille : la mort de Papa Marry. J'ai dit plus haut qu'on trouva la raison de sa rapide disparition dans le fait qu'il avait conservé trop longtemps des vêtements mouillés, peut-être était-ce là une explication trop simpliste des choses, mais quoi qu'il en fût, ce fut pour notre grand'mère un bien grand chagrin et un grand vide qu'elle s'efforça de combler en redoublant d'activité charitable. Pour nous, les enfants, je dois avouer que nous ne souffrîmes pas outre mesure de la disparition de notre « beau grand-père » qui supportait mal notre turbulence et surtout les taquineries de Noche toujours prêt à lui chiper ses béquilles. Ce n'est que plus tard que nous comprîmes les qualités de ce second mari de notre grand'mère à qui il avait su redonner le bonheur.

« En octobre, je repris le chemin du couvent, mais comme externe cette fois, car Tante Adeline avait proposé de me garder chez elle en attendant que la Rivière Blanche pût nous abriter tous. En somme, mes parents n'avaient plus auprès d'eux que notre petite sœur Elodie, Tante Rosette et Tonton Joseph ayant pris les trois garçons et Andrée. Sans doute Papa avait-il le cœur un peu serré en disant qu'il avait « distribué ses enfants comme des petits chats », mais cette quasi-solitude lui permettait du moins de relever les deux propriétés (car la Grand'Case aussi avait beaucoup souffert), et de rebâtir sa maison.

« Elle fut terminée dès la fin de l'année, et le 1er janvier 1892, toute la famille réunie fêta sa résurrection. Elle était d'ailleurs un peu plus petite qu'autrefois, les pièces qui, avant le cyclone, s'étendaient au-dessus de la galerie, c'est-à-dire la chambre de mes frères, un petite office réservé à Da Rosina, le vestibule où aboutissait l'escalier et qui desservait les chambres, n'avaient pas été reconstruits ; désormais l'escalier partait de la salle à manger et se terminait sur un très petit palier entre la chambre de Papa et celle de Maman. Pour l'éclairer, on avait ménagé une ouverture qui donnait sur la galerie. Derrière cette sorte de fenêtre à persiennes, un espace triangulaire (là où tournait l'escalier) pouvait contenir une personne ou deux bien dissimulées.

« Que de fois plus tard, mes sœurs et moi, nous nous cachâmes dans ce soin obscur pour écouter les conversations tenues au salon quand il y avait des visites que nous ne pouvions ou, plus souvent, que nous ne voulions pas recevoir !

« Telle qu'elle était, même amputée, c'était notre chère maison qui nous était rendue et l'on ne saurait dire quels étaient les plus heureux de l'assistance : nos parents qui pouvaient enfin y loger leurs enfants et y recevoir leurs amis, ces amis, cousins, oncles et tantes qui retrouvaient un lieu de réunion familiale cher entre tous, ou nous, les enfants, qui allions reprendre, au moins pendant les vacances, notre royale vie de liberté. »

CHAPITRE III

LA VIE QUOTIDIENNE A LA RIVIERE BLANCHE

Au bout de combien de semaines ou de mois la maison put-elle être reconstruite ? Je l'ignore ; pour ma part, je l'ai toujours connue telle qu'elle était encore en 1902, à la veille de disparaître sous la pluie de feu du volcan ; petite maison coloniale de six chambres avec cabinets de toilette, constituant avec la salle à manger, un corps de logis élevé d'un étage auquel était attenante, au rez-de-chaussée, l'unique pièce de réception : un long hall carrelé qui tenait lieu de salon et d'antichambre. Toute la façade orientée vers la mer était garnie de persiennes mobiles, qu'on pouvait fermer en cas de pluie mais qui, la plupart du temps, restaient ouvertes, de telle sorte qu'on avait l'impression d'être en plein air dans cette pièce appelée modestement (et avec raison) « la galerie ». Sur cette galerie s'ouvraient deux pièces : à gauche la salle à manger et à droite la chambre de l'une de nos grands'mères : madame Huc, « Maman Loulou ». Au centre de la maison et partant de la salle à manger se trouvait l'escalier, derrière cette cage de l'escalier, un passage conduisant à la chambre de notre autre grand'mère : madame Marry : « Maman Nènène ». Au premier étage, distribuées autour de l'escalier, quatre chambres : celle de ma mère, celle de papa, la chambre de mes frères et celle de notre sœur aînée Juana. Les domestiques étaient logés hors de la maison dans des communs où se trouvaient également la cuisine, la « case à eau » et une petite pièce de débarras. A droite de la maison, et séparé par un passage qui donnait accès à la cour postérieure, se trouvait un petit bâtiment de deux pièces qu'on appelait « le pavillon » et où logeaient les invités ou hôtes de passage. Attenant à ce pavillon, à droite, deux modestes cases achevaient en quelque sorte la clôture de la cour intérieure de la propriété et se trouvaient en bordure du chemin d'arrivée ; dans mon enfance, l'une était occupée par Job, ancien serviteur et factotum de mon père et l'autre par notre Da.

Ensuite venaient un hangar (où l'on entreposait certains produits tels par exemple que la casse[1], ou encore des bois de charpente ou de tonnellerie) et la « remise » des voitures.

Ce long bâtiment marquait de ce côté la limite du « plateau » ; immédiatement derrière, s'élevait la colline qui portait les cases des travailleurs et, plus haut, d'autres collines encore qui, par gradins, rejoignaient le massif de la Montagne Pelée.

La route, venant de Saint-Pierre, traversait quatre rivières ou torrents successifs : la Roxelane qui coulait encore en ville, la Rivière des Pères qui la séparait du Fonds Coré (banlieue en bordure de la mer et qu'un tramway à traction animale reliait au chef-lieu), la Rivière Sèche, torrent presque toujours tari et que seules les pluies d'hivernage grossissaient démesurément, enfin la Rivière Blanche qui séparait nos terres de celles appartenant à l'usine Guérin ou exploitées par elle. Cette usine, dirigée par un excellent ami de mon père, le docteur Guérin, joua un rôle spécial dans l'éruption de 1902 et nous la retrouverons. D'autres voisins, à cette époque, avaient aussi, avec mes parents, d'excellents rapports, c'étaient les Hervé qui dirigeaient, à Sainte-Philomène (le village situé de l'autre côté de la Rivière Blanche sur la route du Prêcheur) une rhumerie. Ensuite venaient quelques autres propriétaires dont les habitations, toutes en bordure de la mer, et s'élevant sur les collines, se succédaient jusqu'au Prêcheur, puis, au-delà du Prêcheur, on atteignait d'abord la Grand'Case, propriété qui nous venait des Rancé et Lalung, ensuite le Marry, et l'Anse Céron qui appartenaient respectivement l'une à la famille de ma tante Amélie Marry, née Albert, et l'autre à notre oncle Raoul Marry. Ce groupe d'habitations familiales était donc séparé de la Rivière Blanche par une distance de sept kilomètres, ce qui, à l'heure actuelle, paraît ridiculement court en auto, mais qui, à cette époque, présentait encore des difficultés, du fait des mauvaises routes, des rivières dépourvues de ponts, etc...

Mon père parcourait cette route très souvent ; on peut dire quotidiennement, ou presque, mais à cheval, alors que, pour

---

[1] [Casse ou cassier. Du latin *cassia*. Plante exotique à fleurs jaunes dont la pulpe contenue dans les fruits (gousses) est utilisée en médecine comme laxatif. Cf. *infra* p.32.]

mes cousins Marry, « descendre en ville » ou à La Rivière Blanche était toujours un grand voyage et un événement joyeux.

Maman Nènène a montré l'attraction qu'a exercée sur nos parents et amis, cette propriété ; il est difficile de dire exactement la part qui revenait aux lieux mêmes et celle qu'il faut reconnaître aux habitants. Je crois celle-ci beaucoup plus considérable, mais il serait encore plus difficile de séparer les uns des autres. La Rivière Blanche c'est, selon moi, une famille et une terre qui se sont faites mutuellement. Cette vieille « habitation » des Dathy, passée aux Dujon, par les Briancourt avait un charme bien colonial ; des anciens bâtiments, il restait une partie de la rhumerie, la gragerie[1], l'ancien moulin à bêtes, transformé en bassin ou abreuvoir et un grand escalier à double rampe qui donnait accès au « plateau » de la maison, alors qu'on n'avait pas encore de voitures aux Antilles. Les cavaliers grimpaient une petite côte assez dure, et les piétons empruntaient ce bel escalier de pierre. Plus tard, quand notre beau grand-père « Papa Marry » et notre père possédèrent une voiture, on fit un chemin convenable qui, par un long détour (pour couper le vallon séparant la maison des collines voisines), accédait au plateau et à la cour.

Entre les deux rampes de l'escalier devenu inutile, mon père fit creuser un profond et large bassin et nous offrit ainsi une source constante de plaisir ; mais ce n'était pas uniquement pour avoir une piscine qu'il avait détourné à son profit et, suivant son droit, une portion de la Rivière Blanche qui passait sur ses terres ; il avait à cela un but pratique. Un ingénieux système de vannes dirigeait l'eau ainsi captée soit sur la roue qui faisait marcher la rhumerie, soit sur celle de la gragerie ; cette dernière actionnant encore un puissant treuil, amenait à la rhumerie les mélasses[2] destinées à la distillation et qui arrivaient par mer.

Seule une petite partie de la rhumerie était de même niveau que la maison ; utilisant au mieux les accidents du terrain on

---

[1] [Salle de broyage, dans le cas présent, de la canne à sucre. Mais le mot s'utilise aussi dans le cas du broyage du manioc.]
[2] [Résidu sirupeux de la cristallisation du sucre. Dénommé plus couramment aux Antilles sirop-de-batterie.]

avait construit en contrebas les bâtiments industriels et la gragerie, leurs toits arrivaient juste à la hauteur du mur bas qui bordait le plateau et ne gênaient par conséquent en rien l'admirable vue qu'on avait sur la mer proche. Cette cour qui s'étendait devant la maison était plantée de trois énormes tamariniers qui l'ombrageaient, de quelques manguiers et enfin de trois palmiers cycas qui masquaient un peu le toit de la gragerie.

Derrière la maison, la cour était bordée par l'écurie (perpendiculaire au pavillon) ensuite, parallèlement à la maison, par un long mur de soutènement auquel s'appuyaient successivement un petit bassin qui servait aux besoins de la maison, le poulailler, puis venait le potager qui, à droite de la maison, rejoignait les communs et la rhumerie.

Voilà donc le royaume mi-industriel, mi-agricole qui s'offrait à nous ; car évidemment on cultivait les terres et c'est à cela que s'occupaient les travailleurs noirs ou hindous (les coolies comme on dit là-bas) dont les cases plus ou moins régulièrement alignées entouraient le plateau ou s'étendaient en contrebas. Un commandeur et un économe assuraient le travail agricole dirigé par mon père qui s'occupait plus spécialement de la rhumerie et aussi de la Grand'Case. Cette seconde exploitation comportait, avec le manioc, la culture du cacao. Travail varié comme l'on voit et qui laissait peu de temps libre dans la journée au chef de famille. Mais il se rattrapait le soir où de longues conversations avec les hôtes de passage, des jeux divers avec ses enfants, et surtout des lectures tardivement prolongées, occupaient un temps qu'il ne sentait pas le besoin de donner au sommeil.

Comment pourrai-je parler dignement et d'une façon sensible de mon père, sans donner à mes petits-enfants l'impression que j'embellis un visage cher entre tous ? Je suis pourtant tellement sûre d'être vraie dans l'analyse que je veux tenter, que j'ose affronter cette critique.

J'aurais peut-être cherché longtemps une image ou une courte formule exprimant parfaitement la nature de mon père, si je ne l'avais trouvée toute faite dans l'œuvre d'un poète belge qui eut son heure de célébrité : Emile Verhaeren parlant de son désir irrésistible de tailler « en drapeaux » l'étoffe de la vie, me semble avoir schématisé admirablement l'homme que fut mon père, du moins tel qu'avec le recul des années, je peux le juger. Tout en lui était éclatant, souple, prêt à flotter librement et à claquer au vent, même son pessimisme. Sa bonté, sa générosité, son esprit, son appétit énorme, son rire l'apparentaient certainement à ces Flamands qu'on retrouve si bien dans leur art. Même physiquement, avec son teint chaud et ses cheveux qui furent roux, mais ne l'étaient plus, passée la cinquantaine, on aurait pu le croire né sur les bords de la Lys ou de l'Escaut ; mais s'il nous vient des Flandres quelque goutte de sang, ce n'est point par ses veines à lui, mais bien par celles de ma mère. Quoi qu'il en soit de ces lointaines hérédités, nos parents, bien que cousins germains, ne se ressemblaient aucunement, ni physiquement ni moralement, si l'on récuse, comme ressemblances, tous les traits hérités d'une semblable éducation et des mêmes habitudes familiales. Cette ressemblance physique tient évidemment à la transmission fidèle du type Huc du côté de ma mère, alors que mon père n'en gardait rien et reproduisait au contraire les caractères Dujon : la haute taille, le teint clair, etc.

Ce serait un jeu facile de faire en parallèle, et par contrastes, leurs deux portraits, s'il suffisait de dire par exemple, ce qui est exact : l'un était grand, hardi, vigoureux, l'autre petite, craintive, dénuée de toute force physique, etc., mais en montrant aussi Maman, passive, docile, rêveuse, passionnée de lecture, douée d'une merveilleuse mémoire et d'un jugement plus sûr encore, je ne serai pas certaine de la faire connaître ; car avec l'âge qui m'est venu, je ne suis plus si sûre de l'avoir ni bien connue, ni surtout bien comprise. Elle paraissait pourtant claire comme eau de source et ne rien celer ni de son cœur, ni même de ses pensées ; pourquoi, en m'enrichissant moi-même d'expérience, ai-je deviné, ou cru deviner, que ma mère n'était peut-être pas si simple et que, derrière sa douceur prête à supporter gentiment les taquineries (même celles que lui valait sa surdité précoce, mais non totale, grâce à Dieu), derrière sa prétendue passivité, il y avait bien des héroïsmes cachés et des trésors de bonté consciente ?

Au fond, frappés sans doute par le contraste du caractère de nos parents, peut-être considérions-nous Maman, comme une grande enfant qu'avait eue mon père avant nous et qu'il était habitué à diriger, tout en lui laissant beaucoup de responsabilités, de loisirs et en la taquinant sur ses distractions innombrables, ses rêveries.

Toute notre enfance, nous avons ri avec Papa des imbroglios où Maman se trouvait empêtrée du fait de ses oublis, car tout était, pour mon père, prétexte ou matière à rire, et son pessimisme foncier, relatif cependant aux seules contingences et non aux personnes, n'a jamais pu éteindre sa gaieté.

Fier de sa rare vigueur physique, de son agilité, nourrissant pour son pays, sa famille, ses amis, des sentiments ardents et généreux, ce « tailleur de drapeaux » ne devait-il pas exercer autour de lui une attraction infaillible ? D'abord sur ses enfants, à qui il distribuait, bien entendu, de petites oriflammes, en honorant chez eux, même chez les filles, surtout les qualités viriles, sur ses parents, et ensuite sur les nombreux amis qui trouvaient toujours à la Rivière Blanche l'accueil le plus chaleureux ?

En déroulant mes souvenirs à partir de l'époque où je peux facilement remonter (c'est-à-dire à partir de 1895), je montrerai quelle était autour de moi la composition de la famille : 1°) celle qui résidait à la Rivière Blanche ; 2°) la population flottante, car les visiteurs habituels constituaient autour du premier un deuxième cercle familial ; mais auparavant et sans suivre aucun ordre logique, je vais tâcher de reconstituer cette atmosphère spéciale de la Rivière Blanche en me remettant à la place que j'occupais à cette époque, fille de quatre ou cinq ans, poussant librement à l'abri de deux générations de parents et au milieu d'une population de couleur toute dévouée à la famille qui la faisait vivre.

CHAPITRE IV

NOS AIEULES

De nos grands-parents, il ne restait plus que les femmes : la mère de mon père, Maman Nènène[1], et la mère de ma mère : Maman Loulou[2] Ici encore, et avec bien plus de vraisemblance, je crains de n'avoir connu qu'un aspect de cette seconde grand'mère, alors que l'autre nous apparaît dans toute sa vérité naïve, sans le moindre voile ou le moindre secret. Bien entendu, aucun de nous, entre 1890 et 1895, ne se posait tant de questions au sujet de ces deux aïeules qu'on avait toujours connues penchées sur nos berceaux et presque uniquement occupées de nous. La plupart du temps, nos lits personnels étant requis par des hôtes de passage, nous couchions dans leurs chambres sur des matelas qu'on y déroulait par terre le soir et certainement elles rivalisaient de tendresse à notre égard.

Mais si Maman Loulou nous plaisait par sa douceur, sa patience inépuisable, combien plus nous nous sentions à l'aise avec Maman Nènène ! Ah ! C'est que celle-là non seulement comprenait tout et savait excuser les pires sottises, mais c'est tout juste si, pour nous amuser ou s'amuser elle-même, elle n'y prenait pas part. Car elle était la gaieté faite femme, comme elle était la bonté et la générosité incarnées. De tous les malheurs, soucis ou traverses qu'elle avait eus, elle ne gardait aucune amertume, sachant reconnaître, pour en rendre grâces à Dieu, sa part de chance.

De nos deux grands-mères, celle qui avait eu la vie la plus traversée, c'était Maman Nènène, mais elle était comme ces torrents de montagne qui bondissent et rebondissent d'autant plus vigoureusement et presque joyeusement qu'ils rencontrent plus d'obstacles. Maman Loulou avait eu une jeunesse plus choyée et l'on peut dire qu'après l'exil imposé par la

---

[1] Née Elodie Huc, veuve en premières noces de Saint-Clair Dujon assassiné en 1848 et en secondes d'Eugène Marry, le père de nos oncles : Louis, Raoul et Joseph.
[2] Née Louisa Lalung de Ferol et veuve de Jean Huc, le frère de Maman Nènène.

Révolution de 1848 et son retour à la Martinique, sa vie d'épouse et de mère avait coulé tranquille comme un beau fleuve jusqu'au jour où elle avait vu mourir successivement ses deux filles aînées au cours d'une grossesse, et toutes deux à l'âge de 26 ans : Tante Juanita, la première femme de mon père et Tante Lily, la mère de nos cousins Clélia et René Le Dentu.

Sont-ce ces deuils cruels qui l'avaient déjà attristée, ou sa nature mesurée et distinguée était-elle ennemie de tout éclat, de toute expansion ? Je ne saurais le dire, mais Maman Loulou nous semblait, par comparaison sans doute avec sa belle-sœur, Maman Nènène, toujours mélancolique. Alors même qu'elle cherchait à nous amuser, elle ne riait pas facilement ; les contes qu'elle nous disait le soir étaient à son image. Ces récits, choisis dans les recueils à l'usage de la jeunesse d'Europe avaient toujours un but moral, un enseignement : les enfants sages y étaient toujours récompensés, les autres punis et leur existence, pour nous un peu floue, se déroulait dans des cadres fort distingués de châteaux français. C'était joli, et tout à fait en harmonie avec la charmante conteuse aux sages bandeaux gris, mais combien plus vivants et plus amusants étaient les récits créoles de Maman Nènène ! Celle-là ne dédaignait pas le folklore local et puisait largement dans les exploits de Compè Lapin et de Compè Tig. Mimant leurs actions, chantant avec verve les rengaines, parfois sans queue ni tête, inventées par les noirs, Maman Nènène nous rendait parfaitement l'atmosphère de son enfance à elle, bercée par ces récits d'esclaves. Avec elle, c'était tout le passé de notre île qui nous pénétrait, nous imprégnait pour toujours d'une poésie spéciale.

Peut-être une raison toujours présente et autre que la mort de ses filles aînées attristait-elle Maman Loulou ?

Il m'est difficile de pénétrer maintenant les sentiments profonds de certaines personnes de notre famille, car je crains d'interpréter, avec mon expérience actuelle de la vie en France, leurs réactions à elles ; mais comment ne pas songer à la répercussion qu'ont pu avoir sur notre grand'mère l'effondrement de la situation de son mari et les conséquences qu'il entraînait.

Ceux qui ont lu le premier volume de nos souvenirs de famille[1] savent que mon grand-père Huc, notaire à Saint-Pierre, s'était trouvé par une suite d'événements malheureux, responsable de certains catastrophes financières et aurait encouru les plus graves sanctions, si quelqu'un ne l'avait aidé puissamment à sortir de cette impasse. Ce quelqu'un fut mon père qui, malgré ses charges, n'hésita pas à répondre des dettes imposées bien malgré lui, à son beau-père et oncle. Le relief qu'une telle attitude a pu prendre dans notre esprit est certainement dû à l'expérience reçue en France depuis quelque trente-cinq ans. Pour les « Européens », qui ont certes la vie plus difficile que celle des Antillais, tout ce qui touche au portefeuille a une valeur extraordinaire et le désintéressement est chose admirable, mais aux Antilles cela semble tout à fait naturel et il est fort probable qu'à la place de mon père, tout créole, digne de ce nom, eût agi pareillement. Quoi qu'il en soit, le résultat de sa décision fut que tous les ans, il avait à payer des intérêts assez lourds et à rembourser peu à peu les capitaux engagés dans cette liquidation. Bien entendu, notre oncle Edouard Huc, trop jeune à ce moment-là pour participer à cette œuvre familiale, de même que le futur gendre de Papa Huc, notre oncle Joseph Marry, devaient plus tard soulager mon père dans la mesure du possible, ce qu'ils firent de leur mieux, mais en attendant, il fallait s'organiser pour vivre économiquement. On se serra un peu et nos grands-parents Huc vinrent habiter la Rivière Blanche où demeuraient déjà auprès de mon père, sa mère « Maman Nènène » et son beau-père « Papa Marry ».

Je n'ai pas connu ce temps où ils étaient tous réunis, mais mes frères et sœurs aînés, mes cousins Georges et Edouard l'ont connu et en ont gardé les plus attendrissants souvenirs, bien que les deux grands-pères aient eu souvent à réagir contre l'indiscipline et la turbulence de certains d'entre nous, de Noche surtout. Papa Huc et Maman Loulou ont-ils vraiment souffert de cette situation ? Le fait de renoncer à toute

---

[1] [Ce premier volume, inédit, écrit par la grand-mère d'Elodie Dujon, Elodie Huc, rapporte l'histoire de la famille avant et après l'abolition définitive de l'esclavage, en 1848. Le document mériterait d'être publié.]

installation personnelle, à la paix et à la tranquillité de leur foyer les a-t-il vraiment touchés et attristés ? Ont-ils apprécié au contraire cette vie en tribu à laquelle nous demeurons encore fidèlement attachés ? Je ne saurais le dire et peut-être ne faut-il pas chercher là l'explication des manières si douces, mais un peu effacées de notre Huc.

Evidemment sa belle-sœur demeurait, même auprès de ma mère devenue maîtresse de maison, l'âme, la reine du foyer ; elle ne s'occupait plus du ménage lui-même, abandonné à sa nièce et belle-fille Alphonsine (Sissine, comme disait tout le monde ou presque), mais beaucoup de petits travaux lui incombaient. Elle avait la haute main sur le poulailler, en partie sur le potager et c'était elle l'infirmière de la propriété. Car les nègres et les coolies avaient conservé l'habitude de faire panser et soigner par la maîtresse de maison comme au temps où chaque propriété avait son hôpital. Tous les matins, il y avait un défilé de travailleurs et je revois ma grand'mère penchée des heures sur des plaies plus ou moins répugnantes. On sait qu'aux colonies il existe une affection spéciale qui s'appelle les « feux » et dont souffrent surtout ceux qui marchent jambes ou pieds nus : les enfants et les noirs. Nous aussi, nous avions des « feux » que pansait Maman Nènène, mais qu'était-ce auprès de ces plaies envenimées par une mauvaise hygiène et qu'on désignait en créole par des mots péjoratifs tels que « mapiam », « java » (javart), etc., etc. Il fallait, pour les toucher, avoir le cœur bien accroché et c'était le cas de notre grand'mère ; elle avait auprès d'elle de larges terrines pleines de désinfectants et, avant l'introduction du coton stérilisé, de gros paquets de charpie. Sur les plaies, elle appliquait surtout des remèdes locaux, feuilles de « cassia alata », « baume de Judée », « siguine », simples fort bien utilisés par la pharmacopée antillaise. Inlassablement, elle refaisait les pansements, prodiguait les conseils, glissant souvent dans la main du patient une aumône pour permettre l'achat d'un remède d'Europe trop coûteux. Nous savons que parmi ces malheureux qui recouraient à elle, sa charité sut accueillir jusqu'aux assassins de son mari.

Non contente de panser ceux qui venaient chez elle, elle faisait presque chaque jour la visite des cases, cherchant les malades, contrôlant doucement les soins donnés aux enfants.

Et l'ouvrage ne manquait pas certes ! Comment faire admettre à ces négresses dont quelques-unes encore étaient nées au Congo ou au Dahomey qu'on ne doit pas alimenter, dès son premier souffle, l'enfant qui vient de naître ? Même les jeunes, les petites filles des anciens esclaves croyaient fermement qu'un être enfermé neuf mois sans nourriture (apparente, du moins) dans le sein maternel doit avoir grand faim et c'est par ce besoin primordial qu'elles interprétaient les cris du nouveau-né. Aussi, prudemment, les femmes qui sentaient venir leur délivrance se hâtaient-elles de préparer pour l'arrivant un « bon bol de panade » bien tassé. Le résultat, on le connaît : ce rachitisme de l'enfance, ces ventres ballonnés, au nombril proéminent, si caractéristiques des noirs non évolués.

Quant à l'hygiène générale, elle n'était probablement pas mieux observée et Maman Nènène avait fort à faire. Elle n'eût pas donné toute sa mesure, si elle n'avait joint à ces conseils pratiques ceux que lui dictaient son cœur et sa conscience de chrétienne car, on le devine bien, nos deux grands-mères étaient très pieuses ; mais là encore se distinguaient leurs deux tempéraments. Alors que Maman Loulou priait avec ferveur un Dieu un peu lointain et sévère, Maman Nènène nous inspirait, par son seul exemple, le culte d'une divinité sans cesse penchée avec mansuétude, indulgence sur la pauvre humanité infirme et défaillante. Les deux belles-sœurs se rencontraient dans les pratiques religieuses, égrenaient ensemble leur chapelet. Maman Nènène avait même plus que Maman Loulou la dévotion aux saints représentés par des statues plus ou moins naïves ; Saint Joseph, à qui elle avait élevé au fond du jardin un petit oratoire, Saint Jean Baptiste, qui ornait la « Chapelle » de sa chambre et, par-dessus tous, la Vierge Marie recevait ses fréquentes, mais brèves oraisons, alors que j'imagine volontiers notre autre grand'mère capable de soutenir sans aucune aide matérielle pour son imagination, de longues et pures méditations. Nous entendions dire parfois autour de nous que Maman Loulou était un peu janséniste, nous ne comprenions pas très bien d'où venait ce mot et ce qu'il signifiait exactement, mais nous sentions qu'il résumait toutes les différences d'attitude envers la vie qui distinguaient nos deux grands-mères.

Jansénisme, ces regards désapprobateurs de « Louisa » quand « Elodie » se permettait de siroter un petit punch, ou un petit verre de liqueur, de boire une goutte de vin pur, de rire d'une bonne plaisanterie un peu libre ou gauloise d'un de ses fils ou neveux.

Jansénisme, les abstinences ou jeûnes rigoureux alors que la maladie émaciait son corps déjà menu, jansénisme tout ce qui était chez elle goût excessif de la pureté, de la netteté en tout, tout ce qui, en somme semblait brider le goût de la vie libre. Et dans notre impatience ou notre grossièreté d'enfants indisciplinés, nous oubliions les gestes de douceur, les mots de tendresse qui accompagnaient certains conseils ou certaines réprimandes. Il est une phrase, souvent citée dans la famille et qui résume assez bien ces manières de Maman Loulou : elle avait coutume, le soir, de passer dans nos chambres pour voir si nous avions fait nos prières, souvent elle trouvait l'un de nous endormi, écroulé rapidement dans son lit par la fatigue d'une journée de jeux violents et incapable même de se réveiller à sa voix. Alors, doucement, elle prenait la main droite du dormeur et elle lui faisait faire le signe de la croix avec ces mots murmurés à son oreille : « Au moins tu ne dormiras pas comme un cochon ! ».

Pauvre maman Loulou ! Comme notre turbulence, notre manque d'adhésion à tout ce qu'elle goûtait : la douceur, la mesure, la patience, la parfaite éducation, la maîtrise de soi, a dû la blesser ! Pourtant, elle nous aimait tendrement, nous accueillait toujours avec joie quand par hasard nous allions chercher refuge auprès d'elle dans un chagrin quelconque, et pour cela elle a dû chérir particulièrement notre sœur Lily, la plus « fille » d'entre nous, c'est-à-dire la plus faible et sensible. Sans doute aussi s'est-elle retrouvée avec complaisance dans nos cousins Georges et Edouard Huc qui, par leur bonne éducation, leur douce gentillesse détonaient parmi le troupeau de poulains sauvages de la Rivière Blanche.

Le dernier souvenir que j'aie de « Maman Loulou » se place à quelques semaines ou à quelques jours de sa mort et c'est un souvenir de bonté.

En 1896, était arrivé à Saint-Pierre un cirque américain plus complet ou perfectionné que ceux qui l'avaient précédé, il faisait courir toute la ville et bien entendu le bruit en était arrivé à la Rivière Blanche. Nous grillions d'envie d'y aller, avec Andrée qui, très gâtée par ses parents adoptifs, Tonton Joseph et Tante Rosette Marry, ne manquerait pas ce spectacle si rare. Maman hésitait pour je ne sais quelles raisons, dont la plus sérieuse était l'état de santé de sa mère ; Maman Loulou le comprit et tout de suite se récria : « Mais au contraire, il faut les mener vite au cirque, bientôt, demain peut-être, vous serez en deuil et n'oserez pas les y conduire, vite, il faut leur faire ce plaisir ! »

Qui sait le nombre de fois où, s'oubliant elle-même, elle avait dû faire bon marché de ses soucis et même de ses souffrances ? Il m'apparaît de plus en plus que ma grand'mère Huc a été une « grande dame » selon la morale du XVIIème siècle, qui n'admettait pas le moindre étalage du moi et même le déclarait haïssable et son prétendu « jansénisme » n'était que l'austérité naturelle, pleine de pudeur, d'une âme très haute et plus exigeante pour elle-même que pour les autres.

Les noirs et les Indiens de la Rivière Blanche avaient compris certainement que si Madame Marry montrait à les servir plus d'activité et de dévouement apparent, Madame Huc nourrissait envers eux une égale sympathie, ils les appelaient indifféremment l'une et l'autre « Maman ». Quel autre mot pourrait, mieux que celui-là résumer les rapports qui unissaient en ce temps les travailleurs des habitations à la plupart de leurs maîtres.

CHAPITRE V

NOS NEGRES

J'ai dit en commençant dans quelle liberté grandissait l'enfant blanc des campagnes, cela ne pouvait être possible que si ses parents le savaient protégé par tous, et, en fait c'est bien ce qui existait. Que ce fût à la rhumerie, à la gragerie, dans les camps ou plutôt dans les sentiers (car de bonne heure la crainte du redoutable trigonocéphale[1] nous interdisait l'accès des champs de cannes à sucre ou des « ravines » de cacaoyers), partout, nous rencontrions la présence et la protection des nègres ou des Indiens. « Bonjou têtesse ! » – « Bonjou mon fi ! » répondais-je du haut de mes quatre ou cinq ans à l'homme que je venais de croiser, parfois un gaillard de six pieds, le torse nu, les reins ceints d'une simple toile à sac et la main armée d'un large coutelas. Jamais un noir ne nous inspira la moindre arrière-pensée de crainte : nous les sentions si bons, si proches de nous ; les Indiens parfois, muets et mystérieux, nous causaient une certaine peur, peut-être parce que souvent ils se prêtaient à jouer le rôle de Croque-mitaine et se déclaraient prêts à nous emporter dans leur sac si nous n'étions pas sages. Mais le plus souvent nous les traitions avec la même familiarité que les noirs et j'entends encore les inlassables refrains que nous chantions, mes cousins et moi autour de deux d'entre eux : Amourgon (qu'on appelait « Amongon ») et Moutin. Sur l'air de « Ah ! mon beau laurier rose ! » nous faisions une ronde autour du premier : « Amongon, laurier-rose ! » et pendant quelques minutes il se laissait paralyser, puis nous distribuaient ou faisait mine de distribuer quelques taloches qui nous dispersait. Le second, Moutin, magnifique spécimen d'humanité poussé à Calcutta, avait une particularité

---

[1] Appelé aussi « fer de lance », le trigonocéphale est un serpent venimeux dont la morsure était à l'époque d'autant plus redoutable qu'il vivait dans les champs de canne à sucre. Du Tertre dit que la Martinique et Sainte Lucie étaient les seules îles des Antilles à connaître son existence. Il aurait été éliminé de la Guadeloupe grâce à l'introduction de la mangouste.

physiologique bien curieuse : il avait du lait ou du moins ses glandes mammaires secrétaient un liquide blanc, impropre peut-être à la nutrition, mais qui était semblable apparemment au lait ; ce phénomène avait intrigué nos parents et nous avions vu Moutin, sur leur demande, faire jaillir, en pressant ses splendides pectoraux de bronze rouge, un jet impressionnant. Aussi voulions-nous, chaque fois que nous le rencontrions, lui faire recommencer l'expérience : « Moutin, Moutin ! montre-nous ton lait ! Le plus souvent il nous envoyait promener, mais parfois plus docile à nos supplications, il nous lançait à la figure, pour nous taquiner à son tour, un jet blanchâtre.

Que ce fut au Marry, à la Grand'Case, ou à la Rivière Blanche, cette protection invisible pleine de complaisance déférente des « Travailleurs » s'étendait toujours sur nous. Pour moi, elle commençait à la case de Job qui m'avait servi de monture, alors qu'à l'âge de quatre ans on m'avait envoyée à l'école au Fonds Coré chez les demoiselles Manavit. (Je parlerai un peu plus loin de cette école et de mes camarades). Il fallait en effet franchir à gué la Rivière Blanche et parfois, après une forte pluie, elle recouvrait largement les pierres ou même débordait. Dans ce cas, quand il s'agissait d'une dame ou d'un hôte de passage, on le faisait accompagner par un nègre porteur d'une longue planche qui servait de passerelle. Pour moi, on trouvait plus simple de me jucher sur les épaules de Job. A cheval sur la nuque noire grisonnante (car Job était déjà très vieux en 1895 et devait mourir deux ou trois ans après), j'allais ainsi pendant deux kilomètres sur une route poudreuse bordée de cannes à sucre, de cocotiers, ou dans certains endroits infertiles de « Fleurs Jaunes » et de « Fleuri Noël » de loin en loin un flamboyant ou un cassier en fleurs[1] mettait sur le vert pâle des cannes une note éclatante d'or ou de pourpre ; mais à cette époque, j'étais probablement moins sensible au pittoresque qu'au plaisir d'aller ainsi sur le cou de Job avec qui je bavardais inlassablement.

Cependant aux discours un peu bornés du noir Congolais, combien je préférais la vivacité de « Durancy ». C'était le menuisier de la propriété, un grand mulâtre extrêmement mince

---

[1] Il y avait beaucoup de cassiers à la Rivière Blanche et la casse entrait pour une partie non négligeable dans les produits du sol.

et élégant qui avait son atelier dans le grand hangar dont j'ai parlé en décrivant le « plateau de la Rivière Blanche » et qui bordait le chemin d'arrivée.

Ah ! l'amusant personnage et quelles passionnantes heures j'ai passées au milieu des copeaux, des « ripes », comme on dit chez nous, déroulant les longues boucles de bois, m'enivrant de leur parfum de résine. Mais cela ne me suffisait certes pas, et Durancy consentait fort bien à me prêter son rabot et à guider ma main sur la planche ; il me confectionnait ou m'aidait à confectionner de petits instruments qui me servaient à la gragerie, car je voulais tout savoir de ces métiers de la campagne et particulièrement l'art de faire cuire la farine de manioc.

Devant les grandes plaques de fer ou de fonte chauffées par des feux de bois, se tenaient en file cinq ou six hommes à moitié nus, armés de longs râteaux ou de pelles en bois, qui brassaient à grands gestes la farine disposée sur les « platines ». Dur travail qui, avec l'ardeur des foyers, faisait ruisseler sur ces torses bruns ou noirs une sueur abondante ; L'odeur qui s'en dégageait, mêlée à celle du manioc chaud ne m'effrayait ou ne m'incommodait nullement, j'y étais habituée et je réclamais ma part de travail, persuadée, comme on l'est à cet âge, de l'importance qu'elle pouvait avoir ; quand la besogne pressait, et c'était souvent, on m'écartait doucement, me renvoyant aux poupées plus propres à séduire, disait-on, une jeune demoiselle que les rudes travaux de la « gragerie » ; mais parfois on me faisait place : devant une platine moins chaude que les autres, on me hissait sur un banc et, armée de mon râteau de bois, je ramais à mon tour dans la grosse semoule de manioc, ou bien je disposais les « cassaves » rondes de « moussache »[1] sur lesquelles ma Da n'hésitait pas, à quelque heure du jour que ce fût, à étendre pour notre gourmandise, du beurre salé ou, mieux encore, du sirop-de-batterie, c'est-à-dire de la mélasse.

---

[1] [Le jus qui s'écoule de la racine de manioc épluchée et râpée s'appelle la « moussache ». Additionnée de farine de manioc, elle sert à la confection de galettes dénommées « cassaves ». Avec la moussache, on fait également des bonbons moussaches auxquels on peut adjoindre du cacao.]

CHAPITRE VI

DA ROSINA

Ma Da ! Da Rosina ! Par elle, je voudrais compléter ce tableau où j'ai essayé de montrer les rapports de confiance, d'une part, de bonté et de complaisance, d'autre part, qui unissaient les enfants blancs au monde de couleur qui les entourait. En elle pourrait se résumer le gros et si lourd problème social qui se pose aux Antilles françaises : problème qui, lorsque je l'ai découvert bien jeune, m'a plongée dans une angoisse et une révolte qui parfois me bouleversent encore.

Ma Da, Rosina Daifriche, ou Desfriches (nous n'avons jamais su l'orthographe de son nom), était née sur le versant oriental de l'Ile, à Sainte-Marie, exactement à « Fourniols » où, après l'éruption du Mont Pelé nous trouvâmes un modeste asile, et où elle devait mourir quatre ans après. Elle portait un nom de famille blanche mais qui n'était aucunement celui de la famille à laquelle elle appartenait légitimement ou si l'on veut, illégitimement. Sa mère était esclave sur cette terre de Fourniols, mais à la « libération » en 1848, avait reçu le nom patronymique d'une famille blanche éteinte : les Desfriches. Cette femme, fille elle-même d'un blanc qui ne l'avait point reconnue, avait eu sa fille Rosina de son maître et seigneur, le propriétaire de « Fourniols » et « d'En bas », deux terres jumelles. L'enfant très claire de teint, couleur de banane mûre, avait grandi à Sainte-Marie ; libérée de l'esclavage (l'estravage, comme elle disait) en même temps que sa mère, elle ne gardait pas de cette époque un souvenir odieux. Sa condition de fille naturelle ne lui semblant pas anormale dans un pays où c'était monnaie courante ; mais à l'âge de seize ans, devenue un beau brin de fille, elle fut à son tour poursuivie par les avances d'un garçon de son âge, son parent blanc plus ou moins proche. Je n'ai jamais voulu me faire préciser exactement cette parenté, mais quoi qu'il en fût, et poussée, je ne sais par quels motifs précis : sentiments religieux, peur de donner naissance à son tour à de nouveaux bâtards, Rosina s'enfuit de Sainte-Marie et vint chercher à Saint-Pierre une place de domestique. Elle passa quelque temps d'abord dans la famille de Ponteves et garda toute sa vie un sincère attachement à une jeune fille de cette famille, Melle Douceline au nom typiquement créole ; puis elle entra comme jeune bonne d'enfant, à dix-huit ans, chez ma grand'mère Huc, Maman Loulou. Nos deux tantes aînées, Juanita et Louise étaient déjà nées, et c'est à partir du troisième enfant, notre oncle Edouard, que Da eut la garde des bébés. Désormais sa vie fut fixée, tout en elle la rapprochait de l'enfance : sa douceur, son inépuisable dévouement et jusqu'à son manque d'intelligence. Elle était capable, pendant des heures, de se prêter à tous les jeux d'un nourrisson qui commence à marcher et à parler. Je la vois par exemple assise par terre, gardant, dans sa large jupe étalée, ma nièce Renée Despointes âgée d'un an ou de dix-huit mois, faisant avec elle d'interminables conversations gazouillantes, car Da Rosina entrée chez ma grand-mère à dix-huit ans, s'éteignit à 78 ans après avoir « gardé » trois générations représentées par ma mère, Juana et Renée. Au mariage de Tante Juanita avec mon père, elle ne quitta pas la rue Longchamp où elle était encore utile à ma mère qui n'avait que douze ans, mais quand, à son tour, Alphonsine épousa son beau-frère devenu veuf, Rosina suivit immédiatement sa benjamine à la Grand'Case d'abord, puis à la Rivière Blanche. On prétendait dans mon enfance qu'elle ne m'avait pas « gardée » comme mes autres frères et sœurs ; que douée, dès mes premiers pas, d'une indépendance et d'un esprit d'aventure particulier, je m'étais toujours débrouillée seule sans le secours de Da trop occupée ailleurs. C'est une manière de parler, car si je me souviens en effet très bien de mon goût farouche du « débrouillage », je n'oublie pas tous mes recours à cette humble seconde mère, plus indulgente encore si c'est possible que l'autre.

Pour comprendre la situation des enfants à la Rivière Blanche, il faut d'ailleurs se reporter à celle des parents.

J'ai dit que mon père s'était chargé de liquider à la place de son beau-père une situation financière assez lourde ; de là découla la nécessité absolue, quels que fussent les revenus de l'année, de fournir des annuités égales à date fixe. Pour parer à l'insuffisance de ses moyens, mon père dut faire flèche de tout bois et, il faut bien l'avouer, recourir même à la contrebande, c'est-à-dire soustraire à la plus grande partie possible de sa production de rhum à la régie. On vit recommencer à la Rivière Blanche la lutte ouverte et courtoise entre les contrôleurs de l'Etat et le propriétaire, lutte qu'on avait connue à la Grand'Case du temps de mon bisaïeul Lalung. Mon père inventa des stratagèmes inouïs, mettant à ce jeu passionnant toute sa hardiesse et son intelligence, mais, il faut bien le dire, aucune de ses ruses n'eût été profitable, s'il n'avait été assuré de la complicité et de la discrétion absolue de tout son « atelier », c'est-à-dire de tous ses employés – quels qu'ils fussent – et c'est bien là le miracle qui à lui seul suffit à prouver l'attachement indéfectible de toute cette population de couleur à son maître ; pas une fois mon père n'a été trahi et plusieurs fois il a été sauvé par un de ces humbles. Il se plaisait souvent à raconter ces faits et j'ai souvenance de sa joie un matin où la présence d'esprit d'une femme l'avait tiré d'un de ces mauvais pas. Un employé de la régie avait surgi juste au moment où un nègre maladroit avait répandu une dame-jeanne de rhum soustraite au contrôle, il allait se baisser pour faire le constat par l'odeur du liquide, quand il se sentit bousculé par une vieille femme chargée d'une large terrine pleine d'eau : « Padon ! Musieu moin ka curé ! »[1] dit-elle en laissant tomber toute l'eau à la place où était le rhum, et, joignant le geste à la parole, Denise se mit à brosser vigoureusement le carrelage avec une « peau de coco ».

L'attachement de la femme réjouissait bien plus mon père certainement que le fait d'avoir échappé aux griffes du douanier, mais évidemment le jeu plein de risques lui plaisait ; par exemple celui d'offrir au gabelou rencontré sur la route une place dans sa petite voiture. C'était une de ces voitures américaines, très haute sur roues, qu'on appelait à la Martinique « maman prends deuil » ; dans le coffre placé sous la banquette mon père glissait une sorte de bonbonne rectangulaire en cuivre qui contenait 40 ou 50 litres de rhum, pleine à une goutte près, elle ne laissait entendre aucun glouglou dangereux et personne ne pouvait se douter de sa présence. La plupart du temps c'était ma mère qui conduisait à Saint-Pierre cette précieuse voiture et livrait au commerce ce rhum libre de droits, et elle n'aurait pas osé, comme mon père,

---

[1] [« Pardon, Monsieur, je suis en train de nettoyer.]

faire au « rat de cave » la politesse de lui offrir une place ; mais courageusement, elle acceptait tout de même ce rôle de contrebandière si contraire à sa nature.

Pauvre chère Maman ! qui ne rêvait que de livres et répugnait à tout effort physique, avec quelle abnégation, quelle douceur elle sut se plier à la nécessité du travail manuel pour aider son mari !

J'ai dit que la Grand'Case produisait du cacao ; mon père eut l'idée de transformer une partie de sa récolte en chocolat et de faire vendre ce nouveau produit à Saint-Pierre. Il peut paraître étrange que, dans l'île entière, il n'y eût encore aucune chocolaterie. C'est pourtant un fait : personne n'avait imaginé d'améliorer la production locale, entièrement roulée à la main entre deux pierres lisses. Les « bâtons cacao » que vendaient les femmes de la campagne, grossière pâte très amère de cacao, servaient au petit déjeuner et l'on ne se souciait point d'offrir à la consommation un meilleur produit.

L'idée de mon père eut donc un plein succès. Il avait fait venir d'Europe un torréfacteur, une broyeuse, des moules et installé dans les communs cette nouvelle industrie confiée à ma mère. Ce fut une joie pour nous, un nouveau domaine à exploiter. Daniel en était le roi : solide gaillard assez clair de teint mais de type nègre accentué, il exhibait des biceps dignes des plus renommés lutteurs de foire et chantait toute la journée en tournant la roue de la broyeuse. Que de visites nous lui faisions quand on fabriquait le chocolat sucré ou mieux encore le chocolat aux noix d'acajou, délicieuse friandise que trente ans après nous retrouvâmes chez Hédiard à Paris sous le nom espagnol de « gijonos ».

Ma mère recevait en fèves de la Grand'Case toute la matière nécessaire à son industrie et c'était le bénéfice qui alimentait l'important ménage. Outre Daniel, elle occupait Denise (la femme dont je viens de parler qui, si fort à propos, débarrassait mon père des gabelous[1]). Celle-ci, marchande ambulante,

---

[1] Dérivé de gabelle, impôt indirect sous l'ancien Régime frappant la vente du sel, monopole d'Etat. Le gabelou, ou gabelier, était l'officier chargé de percevoir l'impôt, exécré au même titre que l'impôt.

vendait à Saint-Pierre dans un « tray »[1] la consommation quotidienne du petit peuple qui vit au jour le jour et achète sou par sou ce qu'il lui faut. Evidemment ce n'était pas là que ma mère trouvait ses gros clients, grâce à Dieu ; il y en avait d'autres : tous les épiciers de la ville et les maisons d'éducation, tels que le Collège et le Couvent, qu'on payait en chocolat. On voit quelle aide matérielle et financière elle apportait au foyer ; mais elle était si modeste, si peu habile à se faire valoir, que cela semblait naturel, à nous surtout à qui rien ne manquait jamais.

Cependant de temps à autre, par suite d'une mauvaise récolte, d'une sécheresse particulière ou d'un accident quelconque, des rentrées faisaient défaut et nos parents connaissaient le souci. Comment faire face à ces échéances inexorables qui pompaient régulièrement les revenus de la propriété ? Déjà, pour aider mon père, ses proches faisaient de leur mieux ; notre oncle Joseph Marry et sa femme hébergeaient nos frères pour épargner à nos parents les frais de l'internat au Collège, ils avaient entièrement à leur charge Andrée ; notre tante Adeline de la Garrigue aurait souhaité, elle aussi, adopter Juana, et si sa proposition n'avait jamais été accueillie favorablement, elle persistait cependant à inviter sans cesse sa filleule soit à Bassignac pour les grandes vacances, soit même en ville, pendant les mois scolaires. De même à la Trinité, chez les Edouard Huc, on réclamait souvent Lily ; chacun en somme essayait de décharger un peu nos parents de leurs lourdes obligations financières, quand des difficultés surgissaient.

Mais parfois il fallait faire vite, un billet arrivait à terme qu'il fallait honorer et l'argent manquait à la caisse ; on recourait alors aux grands moyens : on transportait au Mont de Piété (en l'espèce la Banque de la Martinique qui prêtait à gages) une partie de l'argenterie. Mon père nous racontait toujours avec émotion pour nous graver ce trait dans la mémoire ce que fit un jour notre Da.

---

[1] Mot anglais qui désigne les grands plateaux de bois dont on se sert pour le transport des légumes ou autres denrées et qu'on pose sur la tête.

C'était dans une de ces occasions difficiles et l'argenterie ne suffisant pas, il était question pour nos parents d'engager quelques bijoux ; mon père y répugnait encore un peu et se promenait dans la chambre de Maman de long en large, le front barré de perplexité et les mains derrière le dos ; soudain il sentit qu'on y glissait quelque chose en les refermant doucement et, se retournant, il vit notre Da qui s'esquivait silencieusement comme elle était venue, sur ses pieds nus. Elle lui avait mis dans les mains tous ses bijoux pour qu'il en fît ce qu'il jugeait nécessaire. Bouleversé par tant de délicatesse et de dévouement, mon père lui dit : « Oui, Rosina, vous méritez que j'accepte votre offre, et que, mêlés aux nôtres, vos bijoux aillent à la Banque ; si je ne peux m'arranger autrement, je vous jure que je les prendrai, mais en attendant laissez-moi vous embrasser pour ce geste que je n'oublierai jamais ! ».

Plus tard, après l'éruption de 1902, mon père connut un autre geste du même genre et je le raconterai en temps et lieu ; ces deux exemples suffiront, je pense, à montrer quelle bonté et quelle générosité on pouvait trouver, il y a cinquante ans, dans cette population de couleur et la qualité des rapports entre maître et serviteurs quand la politique ne les viciait pas.

Nos parents avaient pour principe de ne rien nous cacher de ce qui constitue la trame de l'existence joie, peine, soucis ou deuils, nous partagions tout. Nous avons assisté, par exemple, à la mort de nos grands-mères, debout auprès des grandes personnes, vu soigner des malades, connu l'inquiétude que donne la menace d'un cyclone ou l'éruption d'un volcan, une seule catégorie de faits était tenue dans l'ombre : tout ce qui concerne l'amour charnel et ce qui en découle, la naissance des êtres vivants.

Mais si l'on ne parlait pas librement devant nous de ces choses, on ne pouvait nous interdire de les comprendre, soit par le spectacle des animaux, soit même par les allusions plus ou moins voilées qui se glissaient dans la conversation. Et d'ailleurs nos parents eussent-ils été plus discrets encore, que le contact des noirs nous eût appris tout ce que l'on aurait tu, car eux ne se gênaient vraiment pas pour appeler les choses par leur nom et l'on sait la précocité des races noire et indienne en ce qui concerne l'amour.

Evidemment, il y avait là pour l'enfant qu'on voulait protéger religieusement et socialement de certaines connaissances précises, un danger constant, et si le contact avec les adultes n'effrayait personne, celui des enfants noirs donnait quelques inquiétudes, d'où l'interdiction de jouer avec eux. Mais cette défense elle-même ajoutait à l'attrait qu'ils avaient pour nous et qui était fondé, on le devine, sur le sentiment que nous avions de notre supériorité sur eux. Dès sa naissance, l'homme aime à commander et nous avions là sous la main de quoi satisfaire ce goût : les petits nègres nous obéissaient aveuglément, comment résister à une telle tentation ? Nous les retrouvions donc dans nos libres randonnées à travers la propriété, au bord de la mer, à la rhumerie, à la gragerie et jusque « sur la cour » où ils se promenaient plus ou moins nus, vêtus quelquefois d'un simple « lanquio », cache-sexe retenu à la taille par une ficelle.

D'eux, nous apprîmes ce que nous aurions dû ignorer de certains faits physiologiques ; mais ce ne sont pas toujours eux qui nous révélèrent les parentés secrètes qui unissaient noirs et blancs ; avec cette indulgence héritée des premiers colons, indulgence qu'on retrouve en certains points de Normandie, si l'on en croit M. de la Varende[1], nos parents eux-mêmes faisaient des allusions qui, plus ou moins clairement, désignaient comme auteur de certain « sang mêlé » tel ou tel de nos ancêtres.

Evidemment, nous savions depuis longtemps que l'homme peut procréer hors des liens du mariage, mais de là à accepter sans frémir de révolte, qu'un grand-père respecté puisse être coupable de cette infraction aux lois religieuses et sociales, il y a un pas que peut-être mes frères et sœurs ont franchi facilement, mais dont j'ai gardé le souvenir amer.

Il arrivait à cette époque que certains de ces bâtards se prévalussent de leurs origines – mais c'était rare – je dois dire que vis-à-vis de nous, l'on a été toujours discret et que c'est, comme je l'ai dit, par des allusions plus ou moins voilées que j'ai découvert certains mystères.

Qu'on me permette de les laisser ici dans l'ombre et de ne pas rechercher à qui Durancy, le menuisier disert, Jules

---

[1] Voir par exemple : « *Pays d'Ouche* », « *Nez de cuir* », etc.

Rosillette, l'économe, Mme Montout et peut-être d'autres devaient leur naissance. Je me contenterai de louer leur dévouement inlassable, leur attachement sincère à ma famille, tout ce que leur présence, autour de nous a donné à l'atmosphère de la Rivière Blanche ou de la Grand'Case de cohésion affectueuse et de sécurité.

CHAPITRE VII

UNE ENFANCE HEUREUSE 1896-1902

Maintenant que voilà présentés les êtres qui nous entouraient et le cadre, je dirai en quoi consistait pour les enfants la vie quotidienne. Si je n'interrogeais que mes seuls souvenirs, ce serait un défilé assez curieux, et sans doute monotone, de baignades sans fin.

Dès mes tout premiers pas, il paraît que j'avais montré un goût extraordinaire pour l'eau et l'on me racontait en riant comment j'entrais tout habillée dans les auges à poules, dans les grandes terrines qu'on laissait par terre plus ou moins remplies d'eau et comment aussi j'avais appris à nager, servant de balle à mes frères qui me lançaient d'un bout à l'autre du « grand bassin » et me repêchaient dans le courant produit par l'énorme chute d'eau qui alimentait la piscine. A cet exercice quotidien, j'étais bien vite arrivée à me tenir sur l'eau, à plonger et si je ne me rappelle point, et pour cause, l'époque à laquelle je ne savais pas nager, je me souviens fort bien de ma vanité à perfectionner les prouesses qui étonnaient bien souvent nos visiteurs, vanité portée à son comble le jour où ma présence d'esprit put sauver de la noyade mon cousin Maurice Le Dentu tombé accidentellement dans le bassin. J'avais cinq ans, et voyant disparaître mon cher compagnon de jeux qui se promenait tout habillé sur le bord du bassin, je n'hésitai pas une minute à plonger à sa suite et eus la chance de le saisir au collet et de le ramener en nageant jusqu'à la grande marche qui faisait le tour de la piscine en hémicycle et où les enfants pouvaient avoir pied. Les parents accourus aux cris poussés par les témoins, mes cousins Marry me félicitèrent vivement, mais le pauvre Maurice confus d'avoir été sauvé par une « fille », son aînée d'un an, devint véritablement furieux quand une autre « fille », Adèle Marry, entreprit de le déshabiller et de le réconforter. « Toi, lui cria-t-il, laisse-moi tranquille, je ne sais pas nager, mais je sais me déshabiller tout seul, va-t-en ! » Et il lança à la bonne et douce Adèle consternée une gifle retentissante que, bien souvent, par la suite elle lui reprocha en riant. Ce sauvetage de Maurice, les « onze petits bains seulement » que j'avouai avoir pris un jour qu'on m'accusait de passer ma journée dans l'eau, la coqueluche que je déclarais vouloir « dompter » par l'hydrothérapie, ce sont là quelques traits plus marquants que les autres de mon goût pour l'eau et je ne veux pas, en ne les mentionnant pas, manquer aux traditions établies, mais combien je regrette, contrairement à Musset, « d'être venue trop tôt dans un monde trop jeune » du moins en matière de sport, car trente ans plus tard, je n'aurais sans doute étonné personne, mais j'aurais eu deux avantages : celui de pratiquer dans les règles les sports qui m'auraient tentée et je serais peut-être devenue une championne de natation, alors que je nage et plonge fort mal ; ensuite, je n'aurais pas, pendant dix ans, encouru l'éternel reproche d'être trop garçonnière. Ce n'était pas, bien entendu, de mon père qu'il venait, ce reproche ; il se souciait peu des taches de rousseur que pouvaient offrir mes joues, de voir mes robes déchirées, pourvu que je montrasse du courage, de l'initiative ou de l'adresse.

Plus tard, alors que j'avais déjà quitté le Couvent et relevé mes longs cheveux en un chignon de « jeune fille », Papa, tout aveugle qu'il était, m'enseignait le maniement d'une vieille carabine pour le cas où il aurait fallu effrayer les voleurs nocturnes qui, à Fourniols, chapardaient assez volontiers au verger et au poulailler. Je vois encore son sourire que n'éclairait plus, hélas ! la flamme des yeux, quand, entourant mes épaules de son bras, il me présentait à nos amis : « Et voici l'économe des bâtiments ! » Ce vieux mot qui remontait au temps lointain où chaque propriété sucrière avait deux contremaîtres, un pour la culture, l'autre pour la partie industrielle du domaine, l'amusait, mais souvent ravivait chez moi le regret enfantin de n'être pas un homme.

Mes frères, pourtant généralement taquins comme tous les garçons, avaient eux aussi pris plaisir à développer mes goûts sportifs, notamment celui du trapèze ou de la barre fixe, sans doute parce que beaucoup plus âgés que moi, ils me considéraient comme un jouet amusant, mais mes vrais compagnons de jeux étaient mes deux cousins Maurice Le Dentu et Raymond Marry. Si l'éruption de 1902 éloigna le second de la Martinique, je devais retrouver le premier à la

Guadeloupe et reprendre avec lui la libre vie de petits robinsons qu'on nous permettait de mener, du moins en vacances, car nous n'ignorions tout de même pas la contrainte de l'école. Et parfois elle commençait assez tôt. J'ai dit plus haut que, dès l'âge de 4 ans, je fréquentais une petite institution tenue par les demoiselles Manavit : Pauline et Irma, au Fonds Coré, station balnéaire de la banlieue de Saint-Pierre.

J'y retrouvais mon inséparable compagnon Maurice, et quelques autres garçons, car c'était une école maternelle mixte. Avec les plus hardis, nous organisions pendant les récréations des baignades à la mer et je ne saurais plus dire si les vieilles demoiselles admettaient la chose, ou fermaient les yeux pour n'avoir pas à sévir, mais je n'ai pas souvenance d'avoir été souvent punie pour cette infraction à la discipline. Plus sévère, et de beaucoup, fut l'internat au Couvent de Saint-Joseph de Cluny où j'entrai à sept ans et demi et où, jusqu'à ma Première Communion (qui précéda de peu l'éruption de 1902), j'acquis immédiatement la réputation d'un vrai petit diable. Je supportai d'ailleurs très bien cet internat, qu'interrompait chaque semaine le retour, du samedi au lundi matin, à la Rivière Blanche. Avec quelle joie de poulains échappés nous retournions alors à nos jeux aventureux !

Le bain mis à part, et aussi les libres promenades sur toute la propriété, c'étaient ceux de tous les enfants, mais ils avaient ceci de particulier qu'ils avaient lieu généralement dans des endroits qui normalement eussent été interdits ; par exemple les parties de cache-cache à la rhumerie, où, entre les hautes cuves à fermentation, les « pièces à grappe », nous courions sur des claires-voies entre lesquelles, le pied manquant, nous aurions pu passer facilement et tomber à l'étage inférieur, mais combien ce risque connu, prévu, ajoutait d'ardeur à notre course ! ou bien les glissades organisées sur le toit en zinc du poulailler, ou bien... mais je n'en finirais pas, s'il fallait énumérer toutes nos diaboliques inventions sur lesquelles nos parents, soit par principe, soit parce qu'ils étaient occupés à autre chose qu'à nous surveiller, fermaient les yeux. Mais, le soir venu qui arrêtait toute activité, ils reprenaient contact avec nous, nous faisant place dans le cercle plus ou moins important groupé dans la « galerie » ou réuni sous les tamariniers.

Le plus souvent, quand il n'y avait point d'hôtes de passage, ils jouaient avec nous, initiant les plus jeunes aux mystères de la « syllabe cachée » ou des proverbes, se mêlant même à des charades ou à des parties de furet. Oh ! ces soirées tropicales, plus que jamais je voudrais en retrouver le charme profond ! Seule, la lune ou même « l'obscure clarté qui tombe des étoiles » en éclairait le mystère un peu inquiétant ; là, pas d'électricité dans les humbles chaumières des travailleurs noirs, ni même à cette époque du moins, dans la maison du maître ; et dans cette nuit silencieuse que troublait seul le bruit de l'eau, passait le vol mou des grands papillons qu'attirait toujours le parfum « sucré » des fleurs recouvrant la tonnelle du grand bassin.

J'entends encore le doux cri enfantin de ma mère quand la frôlait au passage un sphinx ou, qui pis est, une chauve-souris, car elle avait une peur nerveuse de toutes les bêtes ailées dont le contact lui semblait répugnant et, à cause de cela, elle n'aimait pas beaucoup séjourner le soir sur la terrasse dominant le bassin pour obtenir d'elle un conte ou des chansons (elle n'avait qu'un filet de voix, mais très juste et très pur), il fallait placer les fauteuils ailleurs, plus près de la maison. Alors je me glissais sur ses genoux et écoutais avec un attendrissement renouvelé les vieilles romances que sans doute elle avait apprises de « Maman Loulou » ou de « Titite ».

Mais l'heure du coucher arrivait tout de même et nous regagnions nos chambres, ou plus exactement nos lits disposés un peu partout selon les besoins de l'hospitalité. Comme partout à la campagne, le dimanche apportait une diversion à la régularité de la semaine, il fallait d'abord aller à la messe au village voisin, Sainte-Philomène, et on s'empilait comme on pouvait dans les deux voitures. Sur la route on dépassait tous les paroissiens endimanchés, quelques-uns transportant à la main les souliers qu'ils avaient voulu mettre mais dû retirer bien vite, ne pouvant en supporter la brûlure. La plupart des enfants se déchaussaient à l'église et glissaient les chaussures sous le banc où ils s'asseyaient et c'était pour mon frère Noche, toujours à l'affût d'une farce à faire, un malin plaisir que de mêler sournoisement ces souliers afin d'assister à la bataille qui s'ensuivrait, chaque négrillon accusant son voisin d'avoir pris sa chaussure. Comme on le voit, la messe de

Sainte-Philomène ne manquait pas d'imprévu, d'autant que l'organiste (si l'on peut donner ce nom pompeux au jeune homme qui tenait l'harmonium), ne sachant pas lire la musique, devait se contenter des seuls airs qu'il sût par cœur : ceux du « gloria » et du « credo » auxquels succédaient les refrains plus ou moins endiablés du carnaval martiniquais. Cela amusait beaucoup Noche, mais faisait le désespoir de Maman Loulou qui aurait certes préféré prier Dieu sans ces réminiscences plus que profanes. Quant à Maman Nènène, elle avait dans le cœur la simplicité » du « Jongleur de Notre-Dame », elle trouvait qu'à sa manière et en offrant tout ce qu'il était capable de faire, notre noir organiste louait encore le Seigneur.

En rentrant de cette messe, mes parents avaient juste le temps de faire préparer le déjeuner, l'important déjeuner du dimanche qui réunissait parfois jusqu'à trente-cinq ou quarante convives, car, et c'est là le charme typique de ces assemblées de la Rivière Blanche, on ne savait jamais au juste qui on allait recevoir. A part les hôtes attitrés, nos oncle, tante et cousins Marry, Tante Adeline et Tonton Gaston de La Garrigue, parfois les Huc, venus pour quelques jours de la Trinité, il y avait tous ceux qu'attirait la perspective d'un déjeuner dans l'eau. Plaisir bien créole et que mes petits-enfants nés et élevés en France ne pourront comprendre, la partie de rivière comportait une longue baignade alternant plus ou moins avec un déjeuner qu'on prenait soit assis sur le bord, soit dans la rivière elle-même, en utilisant, pour poser son assiette, les rochers assez plats qui en émergeaient. À la Rivière Blanche, il n'était pas question de rochers, mais Papa avait imaginé un jour de mettre à l'eau comme un radeau un des immenses plateaux de bois qui servaient au séchage du cacao et sur cette table flottante de disposer le couvert ; le succès fut tel que, désormais, toute la jeunesse venue de Saint-Pierre réclamait en arrivant de déjeuner dans le bassin. Les maillots de laine n'avaient point alors conquis le monde et, à la Martinique, même les hommes auraient cru scandaliser leur prochain en se montrant dans ce vêtement trop collant. Cependant s'ils se baignaient avec une culotte assez ample de fort coutil, ils n'hésitaient pas à montrer leur torse nu, comme actuellement nos porteurs de slips, et je me rappelle fort bien que même l'Abbé Beyrines, l'hôte à demeure de mes parents, n'usait pas d'un costume montant, mais il ne se baignait pas avec tout le monde et n'acceptait alors qu'un seul témoin ou compagnon, le bébé de quatre ans que j'étais ; car, à partir de 1895, l'Abbé, frappé d'apoplexie, conserva jusqu'à sa mort, environ 18 mois après, une paralysie qui ne lui permettait plus de quitter son lit que pour faire dans un fauteuil roulant, poussé par Camille, la femme de chambre, le tour de la cour ou du jardin. C'était une bien curieuse figure que celle de ce cousin germain de ma grand'mère et elle mérite un chapitre spécial de mes souvenirs car j'eus l'honneur d'avoir une grande part dans ses affections terrestres ; pour le moment, nous laisserons l'Abbé à la place qu'il occupait à notre très grande table, lorsque le mauvais temps ou toute autre raison, nous réunissait tous dans la salle à manger. Inutile de dire qu'une table ne suffisait pas et je n'ai pas souvenance d'avoir eu place le dimanche à celle des « grandes personnes » – je ne m'en souciais d'ailleurs pas – combien plus amusante nous paraissait la nôtre la table ronde taillée dans une tranche de courbaril[1], si lourde mais cependant mobile, du moins le plateau, que nos cousins ou nos frères faisaient tourner habilement sous le prétexte taquin de manger la portion de celui qui ne l'avalait pas aussi vite qu'eux. Car, il faut le dire, on nous oubliait un peu et nous n'avions pas, comme nos parents, dressé au milieu de la table, un immense et inamovible plat de riz où l'on pouvait « pagayer » à son aise. D'où quelques réclamations bruyantes qui parvenaient à peine aux oreilles distraites des parents trop occupées à entendre les plaisanteries qui, d'un bout à l'autre de la « grande table » fusaient intarissablement, ou à celles de Camille courant sans cesse de la cuisine, située hors de la maison, à l'office où était la desserte, puis à la salle à manger.

Enfin, avec un retard plus ou moins considérable, nous avions à notre tour le « pâté en pot », le sang frit[2], et le gigot (car tous les dimanches ou presque, on tuait un ou deux moutons) et surtout le dessert : les fruits suivant la saison ou une de ces glaces outrageusement sucrées et vanillées auxquelles excellait Maman. Puis, la bande joyeuse s'égrenait :

---

[1] [Arbre exotique réputé pour la dureté de son bois.]
[2] [Sang cuit de mouton. Une recette créole fameuse s'intitule « choubou salade de sang frit ».]

les plus petits reprenaient leurs jeux et les autres rejoignaient les grandes personnes pour le café et les liqueurs. Nous les retrouvions un peu plus tard, ces jeunes gens, quand les parents accoutumés à la sieste, et plus spécialement les dames pressées d'enlever, pour une digestion peut-être un peu pénible, les longs corsets serrés qui leur faisaient une taille si fine que, selon le terme consacré, « on pouvait la prendre entre les deux mains », se retiraient dans les chambres. Elles bavardaient bien plus qu'elles ne dormaient, étendues deux ou trois sur le même lit, en chemise, un éventail à la main.

Vers quatre heures au plus tard, avant le goûter, un nouveau bain quand il faisait très chaud (et c'était chose fréquente sur cette côte occidentale de l'île, protégée des alizés par le Massif du Mont Pelé) réunissait toute la famille et les invités dans le bassin. Puis il fallait songer au départ, à 6 heures la nuit tombe implacablement et les routes ne sont pas très bonnes. Une à une, les légères voitures américaines montées sur de grandes roues, s'en allaient ; les mains s'agitaient pour un dernier adieu, et l'on se promettait bien de revenir vite, dimanche prochain peut-être...

Maman et mes grands-mères allaient vite échanger leur belle robe dominicale contre les longs et amples peignoirs flottants, les gaulles antillaises, fraîches et commodes, et l'on se retrouvait entre soi : c'est-à-dire mes parents, mes frères et sœurs, mes grands-mères et « Tonton l'Abbé ».

CHAPITRE VIII

L'ABBÉ BEYRINES

Il s'appelait Polydore et pour ceux qui pouvaient croire à l'influence d'un prénom, il était évident que ces « nombreux dons » souhaités par ses parents lui avaient en effet été attribués par le sort ou la Providence, mais peut-être pas pour son bonheur terrestre. Le dessin de sa vie est étrange, mais même avec le recul du temps, nous n'avons pas le droit de croire qu'il s'était trompé sur sa vocation, puisque lui-même ne l'a jamais cru, bien au contraire. Devenu vieux et causant avec mon père en toute franchise, il déclarait qu'il ne pouvait être que prêtre et que s'il fallait recommencer sa vie, il la consacrerait de nouveau à Dieu. Sans doute, mais peut-être aurait-on dû, du premier coup, le sacrer évêque ou abbé d'un savant monastère, car jamais Polydore n'avait pu supporter l'autorité de ses supérieurs ecclésiastiques.

Né pour l'étude, dans un pays où, malheureusement, il n'était guère facile de développer ses goûts, il avait appris à peu près seul cinq ou six langues étrangères, et peut-être avait-il un peu abusé de ses yeux, quand, un beau matin, il se trouva aveugle. Désespéré, il fit le vœu, s'il recouvrait la vue d'entrer dans les ordres ; c'est alors qu'il aurait fallu peut-être choisir une règle monastique qui l'eût laissé libre de poursuivre ses études philologiques ou autres, car il était également passionné d'histoire et de géographie, goût que nous retrouvons sans exception chez tous les Huc. Mais il n'existe, aux Antilles, que très peu d'ordres religieux et Polydore Beyrines se fit simplement prêtre séculier lorsque, plus ou moins miraculeusement, la vue lui fut rendue. Décidé à être un bon prêtre, tout dévoué aux fidèles, il fit preuve non seulement de zèle mais d'un certain esprit d'initiative qui déplut en haut lieu. Blâmé par ses supérieurs, il ne sut pas toujours montrer l'humilité nécessaire et le paya par des déplacements successifs qui étaient sans doute autant de disgrâces.

Par quelle suite de circonstances quitta-t-il la Martinique pour être dirigé successivement vers le Venezuela, la Trinidad, la Guadeloupe et finalement l'îlot de Cariacou, dépendance de Saint-Vincent ? Je l'ignore. Toujours est-il que, fatigué de ces déplacements, un peu ulcéré de tant de dédains, il demanda et obtint une retraite prématurée. C'est ainsi que, débarquant à Saint-Pierre à la fin de 1890, il se rendit à la Rivière Blanche qu'il ne devait plus quitter. Quand je vins au monde quelques mois après son arrivée, il témoigna un intérêt inattendu à ce nourrisson et me traita comme une filleule ; il avait même déclaré que ce serait lui qui m'apprendrait à lire, et, dès l'âge de trois ans, me mit dans les mains une géographie. Mais son enseignement, très fantaisiste, se bornait le plus souvent à me montrer des images et à les expliquer. Il lui arrivait de glisser dans ses explications des réflexions personnelles plus ou moins amères et qui ne m'étaient point destinées. C'est ainsi que Georges Huc entendit un jour, dans une leçon sur les singes, le commentaire suivant : « Tu vois, ça c'est un orang-outang, ici un chimpanzé, tous sont des singes. On a prétendu que l'homme descend du singe, je ne le crois pas – l'homme est bien plus intelligent que le singe – ... Et pourtant, j'ai vu quelques évêques qui m'ont fait penser le contraire, mais passons : ici, tu vois, c'est un ouistiti... etc. etc. » Pour l'enfant de trois ou quatre ans qui regardait les images, cette réflexion importait fort peu, mais le garçonnet de sept ans qui l'écoutait en fut vivement frappé et jamais ne l'oublia.

Quand il n'était pas plongé dans ses livres, l'Abbé Beyrines se mêlait volontiers aux conversations de la maisonnée, ne reculant pas souvent devant une plaisanterie ou une bonne histoire, surtout quand mes grands-mères n'étaient pas là ; mais il savait que l'indulgente « Elodie », sa cousine, n'aimait pas le voir rire avec la jeunesse de certains sujets et dès qu'il apercevait au loin sa silhouette ou percevait son pas : « Mes enfants, *mi Lolo ka vini* ! »[1] criait-il, et il fuyait prudemment.

La congestion cérébrale qui soudainement le renversa au pied de son lit est la première image que j'aie de la maladie qui accable et diminue un être humain. Je fus une des premières personnes à accourir et je n'oublie rien de ce qui me frappa ce jour-là : les sangsues, les compresses, la parole embarrassée, la paralysie enfin ; pour moi, « Tonton l'Abbé » avait disparu et, à

---

[1] [« Lolo arrive ! »]

sa place, un être étrange concentrait l'attention plus ou moins apitoyée de la famille ; quand cet être mourut un an ou dix-huit mois après, je fus beaucoup moins impressionnée et n'eus guère de chagrin, je crois.

D'ailleurs il est surprenant de voir comment la mort émeut peu les enfants tant qu'ils n'y voient qu'un fait physiologique, c'est quand ils sentent enfin la séparation qu'ils éprouvent du chagrin, et je crois bien que ce n'est qu'à l'âge de huit ans, à la mort de mon frère Juanito, que j'en eus la révélation. Auparavant, en 1896 et en 1898, j'avais vu mourir mes deux grands-mères, que cependant j'aimais tendrement, sans en avoir vraiment une grande peine.

D'ailleurs elles avaient su partir si courageusement, si doucement, l'une et l'autre, que cela devait sembler une chose toute naturelle. Maman Loulou y mit la discrétion, la correction, pour ainsi dire, dont elle était coutumière, et quant à Maman Nènène, semblable elle aussi à elle-même, c'est en riant qu'elle nous quitta. Avant de s'aliter pour la fin qu'elle prévoyait, elle eut un mouvement de gaminerie : saisissant et relevant sur la hanche sa longue et chaste chemise de nuit : « Voyons, dit-elle, si je saurais encore danser une biguine ! » Mais elle n'eut pas la force d'esquisser le moindre pas et s'accrocha au lit pour ne pas tomber. On la coucha et elle ne se releva plus. Durant son agonie qui fut longue, mais lucide, elle trouvait le moyen de plaisanter ; voyant, par exemple, réunis autour d'elle trois médecins : son fils Joseph Marry, son neveu Edouard Huc et notre ami Roland Pichevin : « Que voulez-vous qu'elle fît contre trois ? Qu'elle mourût ! C'est aussi ce que je vais faire ! » Bien entendu, je ne compris que plus tard la leçon de courage contenue dans cette attitude et l'émotion des « grandes personnes » ne me fut guère communiquée.

Mais six mois après, je ressentis l'horreur du premier drame qui bouleversa la tendre cohésion de notre famille et inaugura une série de deuils ou de malheurs dont nous souffrons encore.

CHAPITRE IX

PREMIERS CHAGRINS

Je ne puis dire que j'aie connu mon frère Juanito, dans le sens profond de ce mot, car à sept ou huit ans on n'a, grâce à Dieu, sur les gens et les choses, que des aperçus sommaires ; si je parle de sa sensibilité, des qualités de finesse, de douceur qui le faisaient chérir, surtout des femmes de la famille, c'est donc par ouï-dire ·et, plus précisément, en tenant compte des souvenirs de ma marraine, Tante Anna Huc qui avait pour lui une affection toute spéciale, due sans doute à cette douceur et à cette gentillesse de manières qui le distinguaient de ses frères et sœurs.

Pour moi aussi, la benjamine, généralement un peu bousculée par les grands, Juanito avait des égards, et l'image que je garde de lui est celle d'un grand garçon très mince et pâle aux tendres yeux bleus, à la bouche un peu proéminente, beaucoup plus tranquille que les autres. J'ignorais alors que mon frère était torturé par la crainte de la tuberculose, prenant pour un symptôme de cette maladie la toux fréquente provoquée chez lui par l'asthme.

Mon père était assez soucieux de cet enfant et prévoyant que sa santé à lui déclinerait peut-être assez vite du fait du diabète dont il se savait atteint, il avait décidé que ce serait Juanito qui le remplacerait à la Rivière Blanche ou à la Grand'Case et que Charlot irait à Paris terminer ses études. En attendant, et pour essayer de sauvegarder sa vue qui l'inquiétait terriblement, Papa, profitant d'une amélioration soudaine de sa situation pécuniaire (l'extinction d'une créance viagère), était parti pour la France afin d'y consulter les occulistes. Accueilli fraternellement par l'ami de son frère Joseph, Roland Pichevin, guidé par lui du point de vue médical, il s'était adressé au « grand manitou » du moment, le Docteur Trousseau, dont les oracles semblaient sans appel. Celui qu'il exprima en examinant mon père fut terrible : « Mon pauvre Monsieur, je ne peux rien pour vous, reprenez le bateau pour la Martinique, vous y serez aussi bien ». – « Pour devenir aveugle ? », dit mon père. – « Hélas ! » Sans discuter, Papa voulut seulement profiter des quelques mois de séjour qu'il avait devant lui pour connaître un peu cette France qu'il avait rêvé de servir comme officier et qu'il ne reverrait jamais. Il visita assez bien Paris et en sut goûter les beautés, puis poussa une pointe dans le sud-ouest, car il voulait connaître nos parents Huc qui avaient accueilli si affectueusement ses frères mais ne put aller jusqu'en Espagne pour voir Louis qui y vivait habituellement. Dans les Landes, il connut donc Théophile Huc, sa femme, ses deux filles : Cécile, devenue la femme de Louis, et Yseult qui avait épousé, elle aussi un Martiniquais, Joseph Lénard, ami intime de mes oncles Marry. Il garda un souvenir ému de l'accueil qui lui fut fait surtout par les enfants Marry et Lénard qui lui posèrent mille questions sur la Martinique. Combien vivement il souhaita emmener ses neveux à la Rivière Blanche ! Pensant à la joie qu'aurait eue sa mère de connaître ses petits-enfants, Raoul et Carmen, il regretta amèrement de ne pouvoir lui offrir cette compensation à l'éloignement de son fils Louis, mais Tante Cécile n'aurait pas consenti à se séparer de ses enfants sans savoir exactement quand et comment ils reviendraient et le château en Espagne s'écroula comme tant d'autres.

De Malembit, la propriété de Madame Théophile Huc, Papa se rendit à Lourdes, ne voulant pas négliger la seule possibilité qui lui restât de conserver la vue : un miracle de la Vierge Marie. Malgré sa robuste foi chrétienne, peut-être son pessimisme ne méritait-il point cette faveur céleste et il quitta la France sans espoir d'y revenir et sans espoir pour lui-même. En dépit de cette déception affreuse, il emportait de son voyage qu'il sut nous restituer avec l'enthousiasme, la gaieté, la verve dont il ne se départissait jamais. J'avais cinq ans et demi et j'entends encore ces récits faits d'un rien, mais qui nous montraient l'attitude d'une personne, la couleur ou le goût d'un fruit (il n'avait pas apprécié les pêches, par exemple, malgré l'offre faite par Roland Pichevin à un dîner du plus savoureux spécimen qu'il avait pu se procurer) ; tout ce qui l'avait surpris ou enchanté, il nous le racontait, et c'est de sa bouche que j'ai entendu pour la première fois le nom de la pelote et du pays basques. Les Huc, connaissant son goût pour les jeux athlétiques l'avaient conduit à un match de pelote et il était revenu émerveillé de ce jeu en regrettant qu'il fût trop tard pour lui de le pratiquer.

Bien entendu, il avait, autant qu'il le pouvait, rempli ses malles de cadeaux et, en ce qui me concernait, je ne savais si je devais être contente ou déçue car c'était un jouet de fille qu'il avait choisi pour moi : une ravissante poupée qui fermait les yeux et disait : « Papa et Maman ». J'aurais sans doute préféré un établi de menuisier ou tout autre jeu de garçon, mais le bébé brun qu'on me mit dans les bras était si joli que finalement je fus ravie ; je l'installai dans la chambre de poupée que je ne dérangeais jamais, et de temps à autre, quand il pleuvait par trop, j'allais lui rendre visite.

La vie continua à la Rivière Blanche comme par le passé, mêlant plaisirs et peines, soucis et joies. En juillet, Juana avait quitté le couvent où, dès octobre, je devais la remplacer ; après des vacances particulièrement agréables passées au Morne Rouge dans la belle propriété de l'évêque, louée par notre oncle Joseph Marry pour y accueillir son cher ami Roland Pichevin de passage à la Martinique. En mai ou juin, Charlot était parti pour la France et nous avions appris qu'il avait reçu son équivalence en droit et qu'il préparait le concours d'entrée à l'Ecole Coloniale. Quant à Juanito, sans trop de regrets, il avait quitté le lycée, sa première à peine achevée et il com-mençait à suivre son père dans ses différents travaux tant à la Grand'Case qu'à la Rivière Blanche. Peu à peu, la vue de Papa diminuait ; pour en protéger le reste contre la dévorante lumière tropicale, il portait des verres fumés, un casque et un parasol doublés de vert, mais qu'était-ce que ces menues précautions contre le mal inexorable qui ruinait sa robustesse et devait l'emporter à l'âge de 66 ans, après 12 ans de cécité complète ?

Déjà à la fin de 1898, il ne distinguait plus que des ombres et reconnaissait à peine les silhouettes familières ; le soir de Noël, à la messe de minuit qui nous réunissait à l'église de Sainte-Philomène, il prit soudain le bras de maman qui priait à ses côtés : « Pourquoi, lui dit-il, a-t-on éteint tous les cierges ? – Mais on n'a rien éteint du tout, répondit ma mère sans réfléchir. – Bien, je comprends ». Et dans l'épaisse nuit, nous regagnâmes la maison, n'osant pas interrompre le silence de nos parents, muets l'un et l'autre devant l'inéluctable. Le lendemain matin, sans se plaindre, mon père se fit habiller et conduire dans la cour. Le soleil passant par-dessus les mornes, l'inondait déjà. Il dit à son guide : « Dirigez mon bras vers le soleil. » Et, dans cette direction, il tourna ses yeux grands ouverts : « Ah ! cria-t-il, entre ce soleil brûlant et la nuit la plus noire il n'y a plus désormais de différence ! » et son bras retomba découragé. Ce fut sa seule plainte ; mais pour calmer son besoin dévorant d'activité, il fallut trouver quelque chose. Il y avait déjà pensé et immédiatement fit exécuter ce qu'il avait résolu de faire : dans l'allée principale du jardin, deux piquets furent dressés et de l'un à l'autre on tendit une cordelette dont il connaissait exactement la longueur. Tant d'allers et retours faisaient un kilomètre, il lui en fallait désormais un nombre assez considérable, pour connaître, avec la fatigue, le repos de la nuit, déjà troublé par l'insomnie due à sa maladie. Résolument il se mit à marcher, à marcher sans cesse le long de sa « ficelle » comme il disait, donnant l'impression d'un fauve en cage qui se heurte aux barreaux de sa prison. Grâce à Dieu, il adorait entendre lire, presque autant que de lire lui-même ; ce fut désormais à cela que Maman, mes sœurs et moi-même, plus tard, nous consacrâmes nos loisirs.

En cette fin de 1898, mon frère Juanito se montra assez fatigué ; la surveillance des deux propriétés était-elle trop lourde pour ses vingt ans ou bien de nouvelles crises d'asthme l'avaient-elles déprimé ? Je ne le sais plus, toujours est-il que, sur les instances de Tante Anna Huc et de mon oncle Edouard, mes parents lui conseillèrent d'aller se reposer chez eux à la Trinité. Pendant un mois, il fut soigné et choyé par eux comme un vrai fils et son équilibre retrouvé, il songeait à rentrer à la Rivière Blanche quand des amis de son âge organisèrent un pique-nique en mer. On devait canoter, pêcher, déjeuner, se baigner dans cette ravissante baie de la Trinité, découpée elle-même en anses et criques propices à tous ces plaisirs. La journée, malgré la forte chaleur, avait été réussie et Juanito était rentré satisfait, mais un peu fatigué. Il ne voulut pas dîner se plaignant d'un mal de tête assez violent et Tante Anna lui conseilla d'aller vite au lit où elle lui apporterait une tasse de bouillon. Elle lui alluma elle-même son bougeoir et le lui mit dans la main, mais voyant que cette main tremblait, elle s'écria : « Voyons, voyons, toto ! Que fais-tu ? Qu'as-tu ? » Il marmonna quelques mots inintelligibles et s'écroula. Une heure après, ou moins encore, il était mort, malgré les soins énergiques prodigués immédiatement par notre Oncle Edouard et ma pauvre Marraine affolés.

Le plus affreux pour eux restait à faire : prévenir les parents ; c'est notre Oncle Joseph Marry qui fut chargé de le faire. A cinq heures du matin il arriva en voiture ; toute la maison, réveillée par les domestiques, retentit bientôt de sanglots et nous vîmes partir mon père qui voulait absolument aller à la Trinité chercher son fils. Il prit avec son frère une des deux routes qui, de Saint-Pierre conduisent à la Trinité, mais après cinq heures interminables de voiture trouva close la maison des Huc qui, par l'autre route, étaient partis de leur côté pour la ville, emmenant le jeune mort. Ce chassé-croisé macabre ajouta encore au désespoir de mon père qui immédiatement se remit en route. Il nous arriva vers trois heures et demie ou quatre heures de l'après-midi et ce fut un spectacle bouleversant que de voir cet aveugle, agité d'une affreuse impatience, tâtonnant à la recherche du lit où gisaient un garçon de vingt ans et tant d'espoirs effondrés.

Peut-être à cause des circonstances qui ajoutaient leur poids tragique au malheur, peut-être aussi parce que, sans m'en rendre compte, j'aimais particulièrement ce frère, la mort de Juanito fut le premier drame familial auquel je participai véritablement ; pendant longtemps mes rêves en furent hantés à un point que je n'osais l'avouer à personne.

Les conséquences immédiates de cette mort atteignirent d'abord notre aîné Charlot, mais finalement changèrent sa destinée beaucoup moins qu'on n'aurait pu le croire et l'on verra comment. N'ayant pas été admis dès le premier concours à l'Ecole Coloniale, mon frère pressé de se faire une situation avait sollicité un poste dans la magistrature coloniale, et, avec l'appui de monsieur Lénard qui était alors avocat général à Bordeaux, avait obtenu sa nomination dans l'Inde, à Pondichéry. Charlot n'avait plus qu'à s'y rendre le plus vite possible et, à son premier congé, il épouserait la charmante cousine qui officieusement lui avait engagé sa foi : Emilie Decomis. Elle était revenue depuis peu d'Europe où (au couvent des Fidèles Compagnes de Jésus), elle avait achevé ses études, et avait ajouté à son charme personnel, l'élégance que les jeunes créoles, un peu coquettes, acquièrent si rapidement à

Paris. Sans le vouloir, elle avait fait la conquête de mes deux frères et le pauvre Juanito avait connu une vive déception, quand il s'aperçut que c'était à son aîné qu'allaient les préférences de Lilie, mais cela ne changea en rien son attitude ni envers l'un ni envers l'autre, et il était si jeune d'ailleurs que personne ne dut prendre au sérieux une peine plus profonde peut-être qu'il ne le laissait deviner ; quoi qu'il en fût, cela n'avait plus aucune importance puisqu'il n'était plus.

Dès le lendemain de sa mort, il fallut prendre une grave décision : faire revenir Charlot pour le remplacer, puisque Noche, âgé de quinze ans à peine, était encore incapable de le faire. On télégraphia donc à Paris pour empêcher le départ pour Pondichéry et ordonner le retour à la Martinique.

A ce moment, mon père voulut régler définitivement la question assez compliquée de la Rivière Blanche restée indivise entre ses frères et lui. La propriété venait des Dujon, mais, mariée en communauté avec Saint-Clair Dujon, Maman Nènène était héritière de la moitié et ses fils du second lit, mes trois oncles Marry, en héritaient d'elle au même titre que les deux Dujon : mon père et Tante Adeline de La Garrigue qui, de leur père, avaient hérité de l'autre moitié. Je tiens à noter en passant que cette dernière, n'ayant pas d'enfant, comme je l'ai dit, s'était montrée à l'égard de sa famille d'une générosité extraordinaire, renonçant non seulement à la dot qu'on lui avait reconnue sur la Rivière Blanche, mais encore à la part qui devait lui en revenir à la mort de sa mère. Nous devrions tous avoir des remords envers cette tante qui nous a témoigné tant d'affection, essayant en vain de nous retenir chez elle ; mais, peut-être parce qu'elle ne connaissait pas les enfants par sa propre expérience maternelle, jamais elle ne put gagner notre attachement. Très ordonnée, ayant le désir d'avoir un intérieur soigné, coquet, elle tenait beaucoup à ses affaires et se méfiant de notre vandalisme naturel, nous faisait mille recommandations, mille interdictions de jouer ici ou là, de toucher à ceci ou à cela, de faire du bruit, etc. Pour sa filleule Juana, elle avait encore plus d'exigences que pour nous ; désirant lui donner le goût de la musique, elle l'obligeait à faire jusqu'à six heures d'étude de piano par jour, ne tenant aucun compte ni du temps des vacances, ni du peu de dispositions de l'enfant. Inutile de dire que la légèreté, la paresse de Noche trouvaient chez elle peu d'indulgence et mon frère s'en vengeait par mille niches désagréables ; ce n'est que plus tard que la pauvre Tante Adeline a trouvé grâce à nos yeux, quand nous comprîmes à la fois sa générosité et son désir sincère de faire de nous des enfants civilisés.

Mais revenons à la Rivière Blanche. Notre Oncle Joseph Marry était disposé à indemniser ses frères et sœurs, et à garder ce bien proche de la ville et qui lui permettrait, tout en continuant son métier de médecin, de s'intéresser aux choses de la campagne pour lesquelles il avait du goût. Ce règlement libérait Charlot d'une lourde responsabilité, la gestion de la Grand'Case suffirait à son activité, et si notre famille se transportait au Prêcheur, elle ne renoncerait pas pour cela à la Rivière Blanche, où la jeune génération retrouverait chez Tonton Jo le même accueil que la précédente chez mon père.

Mais la maison de la Grand'Case, depuis longtemps inhabitée, réclamait de sérieuses réparations et on les entreprit dans le courant de l'année 1900, remettant le mariage de Charlot au moment où la nouvelle maison, aménagée dans ce sens, permettrait de loger convenablement le jeune ménage. C'était alors une grande bâtisse longue reposant sur une sorte de terrasse ou de plate-forme dallée de larges pierres où l'on accédait par quelques marches. Elle s'adossait sans beaucoup d'espace libre, à une colline abrupte limitant au nord le plateau qui portait, avec la maison de maître, les bâtiments d'exploitation. En contre-bas et dévalant vers la mer proche, les « cases à nègres » s'échelonnaient dans un petit vallon, « la ravine Belleville », par laquelle nous gagnions l'anse du même nom, cadre habituel de nos baignades quotidiennes. L'aspect qu'offrait à l'arrivée la cour de la Grand'Case était assez imposant – le mot de seigneurial serait beaucoup trop prétentieux pour ces habitations martiniquaises construites en partie en bois – mais quelques-unes d'entre elles, les plus anciennes, avaient gardé un air assez « XVIIème » ou « XVIIIème siècle colonial » qui ne manquait pas d'allure. Le premier occupant avait-il été, comme le croyait mon père, Constant d'Aubigné, père de la future Mme de Maintenon ? Peut-être ; la description qu'elle donnait de l'habitation créole où elle avait vécu, semblait bien correspondre à notre Grand'Case, avec ses deux énormes sabliers ombrageant la cour[1], les robustes constructions de maçonnerie perpendiculaires à la maison, cachots d'esclaves pour la plupart, murant la cour à l'est, la position par rapport à la mer, etc.

Quoi qu'il en soit, à cette époque, nous nous souciions assez peu du passé historique de notre domaine, mais beaucoup plus du désordre plein de mystère d'un grenier où l'on entreposait tous les objets cassés ou inutilisables momentanément. C'est là que Tante Anna avait, quelques années auparavant, découvert une magnifique psyché Empire dont la glace était cassée et qu'on oubliait de réparer. Indignée de tant de négligence ou de dédain, elle avait obtenu de faire remettre à l'honneur ce meuble qu'elle déclarait « digne de Malmaison ». Il ornait désormais la chambre de parade de Tante Rosette et c'est par lui et par une ravissante toilette d'acajou, que j'ai fait connaissance avec le style Empire. Tout n'était certes pas aussi beau dans ce grenier de la Grand'Case et peu nous en importait ; le grand attrait venait du parquet tellement vermoulu qu'on risquait de passer au travers ; aussi on imagine nos ruses de Sioux pour y grimper, malgré l'interdiction, et contourner d'aussi près que possible les coins les plus dangereux !

En 1900, mon père fit jeter bas tout ce qui menaçait ruine et rebâtir presque totalement la maison. On y a ajouté des communs importants, et dans les anciennes « mackaurines », les ergastules ancillaires[2], on aménagea une buanderie, des salles de bains et de douches, tout le « confort moderne » de l'époque ; ce sont ces constructions du XVIIème siècle qui, seules, ont résisté à l'éruption de 1902, abritées qu'elles étaient d'ailleurs par le morne auquel elles s'appuyaient. C'est à ces murs épais et aux deux troncs mutilés des sabliers qu'on put repérer l'emplacement de la maison qui vit probablement grandir Françoise d'Aubigné et, plus sûrement s'épanouir le jeune bonheur de mon frère Charlot.

---

[1] [Ils sont à l'origine du titre donné à son récit par Elodie.]
[2] [Du latin *ergastulum*. Cachot où les Romains enfermaient les esclaves, mot d'usage littéraire au XIXème siècle pour parler d'une prison souterraine.]

CHAPITRE X

MARIAGES

Son mariage eut lieu en janvier 1901, suivant d'assez près celui de Juana, dernier événement qui avait marqué pour nous la fin du siècle et qui eut pour conséquence d'unir très étroitement notre famille à celle des Despointes. Suivant l'ordre chronologique, je parlerai d'abord de ce mariage.

Malgré la part assez considérable faite aux deuils à la Martinique à cette époque, la mort de Juanito n'avait pu empêcher la vie de continuer et mes parents n'avaient du reste pas l'intention d'éteindre la gaîté naturelle de leurs enfants, ni de les empêcher de sortir. La Rivière Blanche continuait à recevoir de jeunes hôtes et Juana, dans l'éclat de ses dix-huit ans, était sans doute une raison de plus pour eux d'y venir ; mes parents, pas plus que les autres parents martiniquais, ne songeaient à marier leurs enfants : ces choix se faisaient naturellement et librement, mais la forme de la « demande en mariage » demeurait protocolaire : on chargeait quelquefois un parent ou un ami de cette démarche, alors même que, depuis longtemps, les jeunes gens s'étaient entendus entre eux.

Ce n'était pas le cas pour Juana. Si l'on voyait tourner autour d'elle un charmant cousin récemment revenu d'Europe avec un diplôme en médecine, aucun accord secret n'avait lié son cœur, et elle jouissait sans arrière-pensée des plaisirs mis à sa portée : la danse, l'équitation et surtout ces réunions familiales au Fonds Coré chez Tante Emilie Decomis où, auprès de Charlot et de Lilie, elle dépensait sans compter sa verve et sa gaîté. Deux invitations à de « grands mariages » à Saint-Pierre étaient venues ajouter leur imprévu à ces joies coutumières et elle s'y rendit non sans enthousiasme, s'attendant à danser dans toute la nuit aux bals qui suivraient la cérémonie et le dîner. C'est bien ce qui arriva, mais le danseur qui, ce dernier soir, se promit de faire, dès le lendemain, une demande en mariage en règle n'était pas du tout celui qu'auraient désigné les douairières attentives, pendant qu'elles faisaient tapisserie, au nombre de danses accordées par telle jeune fille à tel jeune homme.

Roger Huyghues Despointes était un jeune veuf de trente-quatre ans et appartenait à une très nombreuse famille qui, habitant la côte orientale de l'île, n'avait eu jusqu'ici avec la nôtre aucune alliance et pour ainsi dire aucun rapport. Juana était seule à le connaître. Au cours des séjours de vacances qu'elle avait faits chez l'Oncle Gaston de La Garrigue, directeur de l'Usine Bassignac proche du Robert (berceau de la famille Despointes) et de Sainte Marie, où Roger, par son activité intelligente, ses qualités de chef avait acquis très tôt la situation la plus en vue, elle avait eu assez souvent l'occasion de le rencontrer dans les réunions et pique-niques où la conduisait Tante Adeline. Mais il y avait bien quatre ans qu'elle ne l'avait point vu, le hasard et plus encore : un deuil cruel, l'avaient éloigné de Bassignac et des parties de rivière ou autres qui réunissaient la société de la Trinité, du Robert et de Sainte-Marie. Marié très jeune à une jeune fille appartenant à l'une des plus anciennes familles de l'île, Thérèse Rézard de Wouves, en 1898, il avait eu la douleur de perdre sa femme qui lui laissait quatre enfants dont la dernière lui avait coûté la vie. Il avait confié ce bébé, à qui l'on avait donné le nom de sa mère, à ses deux sœurs veuves : Aline de Thoré et Louise de Catalogne qui habitaient, avec leur mère, au Robert, et appelé auprès de lui, à Sainte-Marie, pour prendre soin, des aînés : Raymond, Rachel et Marcel, la sœur de sa femme, Melle Jenny de Wouves. Depuis deux ans, Roger Despointes n'avait guère quitté son foyer et surtout son usine, où le travailleur acharné qu'il était trouvait un dérivatif à sa solitude ; mais il n'avait pu refuser à deux de ses amis qui, à très peu de jours d'intervalle, mariaient leur fille, d'assister à ces cérémonies.

C'est ainsi qu'il fut remis en présence de Juana. Ne reconnaissant pas dans la jeune fille parée de sa robe de bal et de ses dix-huit ans éclatants de blonde un peu rousse, la gamine de quatorze ans si peu coquette qu'il avait laissée, il ne l'avait point saluée. C'est elle qui courut à lui et lui rappela leurs rencontres d'autrefois, les bains de mer du Raisinier, où il la prenait sur ses épaules pour la faire plonger, les reproches de Tante Adeline, la défense qu'il prenait d'elle. Pour cet homme déjà grave, ce fut un bain de soleil et de jeunesse et il ne put résister à la tentation de danser et de bavarder avec sa petite camarade d'autrefois ; mais il s'aperçut vite qu'il n'était pas seul à rechercher ce plaisir et il s'enquit de ces jeunes hommes qu'il voyait tourner autour d'elle, d'un surtout, à qui le cousinage permettait plus de familiarité. Oh ! mais si c'était vrai ce qu'on chuchotait, ce Wilhelm Gravier lui couperait l'herbe sous le pied à lui qui venait de comprendre qu'il lui fallait cette jeune fille pour redonner à son foyer la vie qui s'en était allée, pour lui permettre de retrouver le bonheur. Il passa une nuit des plus agitées : fallait-il repartir pour Sainte-Marie sans même savoir s'il avait quelques chances d'être agréé, si les parents n'hésiteraient pas à donner en mariage une enfant de dix-huit ans à un veuf pourvu déjà de quatre enfants. A l'aube, n'y tenant plus, il courut chez Tonton Gaston de La Garrigue et lui ouvrit son cœur. Notre oncle le connaissait trop bien pour ne pas sentir qu'il y avait là pour sa filleule une rencontre extraordinaire qu'il ne fallait pas négliger. « Faut-il considérer votre démarche comme une demande en mariage ? Puis-je la transmettre à mon beau-frère ? » questionna-t-il. – « Assurément ». – « Eh bien, c'est entendu, dès aujourd'hui je "monterai" à la Rivière Blanche et vous en aurez le cœur net ».

La demande de Roger tomba comme une bombe chez nous ; Juana moins que personne ne s'y attendait ; elle avait bavardé en toute simplicité et remué des souvenirs d'enfance et dans les bras de ce danseur plus âgé que tous ses camarades habituels, elle n'avait pas imaginé qu'il pouvait être un mari.

Mon Dieu, n'avait-elle pas, dix-huit mois auparavant, poussé un cri d'horreur quand sa meilleure amie du Couvent, Irma Aubéry lui avait annoncé son mariage avec un veuf, le frère justement de Roger : Amédée Despointes et qui n'avait qu'un enfant : « Un veuf ? Comment peut-on épouser un veuf, à dix-huit ans ! Grands dieux, préservez-m'en ! » Et voici que cette idée, loin de lui répugner, lui semblait toute naturelle. C'est qu'il était si jeune encore et si bien, ce Roger Despointes, que cela demandait réflexion.

Ma mère ne l'encouragea pas, bien qu'elle eût pris, elle aussi à dix-huit ans, une décision pareille, et peut-être justement parce qu'elle savait le poids de telles responsabilités, elle conseilla à Juana d'attendre une autre occasion de fixer son destin. Mais mon père, peut-être inquiet de l'avenir, mais, bien plus sûrement encore, renseigné par l'Oncle de La Garrigue, se montra tout de suite partisan de Roger. C'est probablement la famille Despointes elle-même qui lui semblait, entre toutes, digne de s'allier avec la sienne. S'il avait pu sourire des prétentions de son ami Roland Pichevin à accorder à la naissance du premier Huyghues établi aux Antilles une origine royale (cadeau de Jacques II d'Ecosse à une certaine comtesse Huyghues venue de Flandre), il admirait par contre sans restriction les qualités foncières qui donnaient à une branche, au moins, des descendants de ce premier colon, une cohésion parfaite. Il existait en effet à la Martinique une multitude de Huyghues mais qui s'étaient différenciés par ces noms de terres que les gens de petite ou de grande noblesse avaient coutume d'ajouter à leur nom. Il y eut à l'origine des Huyghues de Rivery, des Huyghues des Etages, des Huyghues des Anses et enfin des Huyghues Despointes qui ne coupaient plus leur nom par une particule. C'étaient les plus nombreux et l'on trouvait chez eux un sens sérieux de la vie, des responsabilités, un amour du travail et surtout un esprit de famille qui évidemment pouvait évoquer le clan écossais.

    Les crises économiques qui avaient appauvri le pays à plusieurs reprises les avaient durement touchés ; néanmoins, le père de Roger, Léo Huyghues Despointes, avait pu recevoir encore l'instruction complète qu'on pouvait offrir à ce moment aux jeunes gens ; il avait épousé une jeune fille appartenant comme lui à l'une des meilleures familles et des plus riches de la colonie, Mademoiselle Lydie Maillet qui, ainsi que ses neuf sœurs, avait reçu en dot une centaine de mille francs, chose rarissime dans un pays où les beaux yeux d'une jeune fille comptaient beaucoup plus que son argent. Fidèles aux traditions de leurs deux familles, Léo et Lydie eurent rapidement neuf enfants, cinq garçons et quatre filles dont ils pouvaient à bon droit être fiers ; mais ce riche trésor, qui faisait leur joie, allait devenir pour la jeune femme une lourde charge, du jour où elle se trouverait seule pour élever ses enfants. A quarante ans, Léo Despointes emporté par ce que l'on appelle encore à la Martinique un accès de fièvre pernicieux et qui est probablement une forme de paludisme, la laissa veuve et avec une situation des plus difficiles. Grâce à Dieu, l'aîné Georges était déjà en mesure de gagner sa vie et les trois premières filles ne devaient pas tarder à se marier. Brèves unions pour Aline et Louise qui, bien vite devenues veuves, retournèrent auprès de leur mère ; plus longue heureusement pour Léonie qui, vers 1892, épousa Edouard Gouyé. La mort de leur père n'était pas le seul malheur qui eût atteint les Despointes ; au cyclone de 1891, Georges qui s'était marié et avait déjà quatre enfants, fut tué, lui aussi très jeune, et ce n'est que de justesse qu'Aline échappa à la mort. Elle faisait alors un séjour chez son frère, à Saint-Joseph (leur propriété de la Trinité) quand éclata l'ouragan. Dans la chute de la maison, elle fut grièvement blessée et on la transporta au bourg de la Trinité où l'on espérait trouver du secours. Une seule maison semblait encore solide, celle des Bailly. Sans hésiter, les nègres chargés du hamac frappèrent chez eux et Madame Bailly immédiatement fit appeler le médecin du bourg : mon Oncle Edouard Huc. On avait couché la blessée sur un matelas au milieu du salon et mon Oncle constata qu'elle avait la colonne vertébrale brisée. Par quel miracle la fracture n'avait-elle pas bougé dans le transport, entraînant une paralysie ? Il se le demanda, mais maintenant il fallait à tout prix maintenir dans l'immobilité cette jeune fille. Durant plusieurs mois, elle resta ainsi couchée dans le salon de Madame Bailly, recevant d'elle des soins vigilants et lui devant ainsi d'éviter toute séquelle de son accident.

Plus graves furent les conséquences de la mort de Georges ; mais il ne fallait pas connaître l'esprit de famille des Despointes pour croire que sa veuve et ses enfants connaîtraient la gêne ; cependant il y a manière et manière de donner ; celle dont usa Amédée Despointes dépassa, et de beaucoup, en grandeur et en délicatesse, la commune mesure. Georges Despointes n'avait certainement pas tenu sa femme au courant de ses difficultés pécuniaires, car lorsque Amédée, chargé par elle de « toutes ses affaires », en eut fait le bilan, l'actif se réduisait à rien. Il est vrai d'ajouter que le cyclone, en ravageant la propriété, déjà hypothéquée, en diminua singulièrement la valeur. Amédée ne voulut pas révéler d'emblée à sa belle-sœur le triste état de ses finances. Pour élever ses quatre enfants : Léo, Marguerite, Gabrielle et Georges, on lui conseilla de s'établir à Saint-Pierre où elle trouverait les institutions nécessaires et Roger Despointes prit à sa charge l'instruction complète de ses neveux, ce qu'elle accepta en toute simplicité, mais d'un cœur reconnaissant. Chaque mois, régulièrement, elle recevait d'Amédée la somme qui, d'après elle, représentait les revenus « de ce qu'avait laissé Georges », et elle n'aurait jamais voulu l'offenser en lui demandant des comptes. C'est ainsi qu'elle ignora jusqu'à sa mort que, pendant onze ans, son beau-frère l'avait fait vivre totalement elle et ses quatre enfants. Déjà privée par un cyclone de son chef, toute cette famille devait périr à l'éruption de 1902, car malgré les instances de ses beaux-frères, Laure Despointes ne se décidait pas à quitter la ville et, lorsqu'elle y consentit, il était déjà trop tard. C'est par Juana, devenue la femme de Roger, que nous sûmes la noble réponse faite par Amédée au sujet de sa belle-sœur.

Comme elle chantait à notre sœur les louanges de son mari qui, si généreusement, faisait les frais de l'éducation des quatre enfants de Georges, y ajoutant même les leçons de piano et de dessin, Juana, amie de la justice lui dit : « Mais Amédée vous montre autant de générosité certainement ? » – « Ah ! non, répondit-elle, ce n'est pas la même chose, Amédée s'occupe de mes affaires et m'en sert les revenus, peut-être arrondit-il un peu la somme, et encore, je ne le pense pas. » Juana, discrètement, se tut ; mais révoltée par cette ignorance qui réduisait à presque rien la générosité de son beau-frère, vint s'en plaindre à Roger qui en fit part à Amédée. « Ah ! dit simplement celui-ci, elle n'a pas compris qu'elle n'avait pas un sou, tant mieux, je n'en espérais pas tant, qu'elle l'ignore toujours. »

Pour achever, dès maintenant, de montrer sous un jour complet cette cohésion familiale des Despointes, ajoutons-y un dernier trait : la participation systématique de toute la famille à un devoir, à une charge. Au cyclone de 1891, Félix, le dernier, avait tout juste quinze ans, et il pouvait, lui, poursuivre au collège, grâce à ses frères, les études qu'eux n'avaient pas pu faire ; Amédée à 14 ans et Roger à seize avaient dit adieu aux livres pour débuter dans l'agriculture d'où, très rapidement, ils étaient l'un et l'autre passés dans l'industrie. Maintenant leur situation était assise, tous deux directeurs d'usines importantes, ils pouvaient facilement se partager, de la manière que j'ai dite, la charge de la famille de Georges ; mais ils entendirent que leurs cadets, Gaston et Félix, connussent eux aussi la satisfaction du devoir accompli. Dès qu'ils furent en mesure de gagner leur vie, on leur dévolut une part de cette charge qu'ils acceptèrent comme la chose la plus naturelle du monde, comprenant très bien la force que pouvait représenter une telle solidarité, force dont eux-mêmes éprouvaient certainement les bienfaits.

Voilà plus de cinquante ans que ces faits ont eu lieu et l'on retrouve, semblable à lui-même, dans les nouvelles générations Despointes, ce dévouement de l'individu à la masse qui, s'il était général, donnerait à un pays une force morale indéfectible.

La mort tragique de Georges Despointes suivant d'assez près celle de ses deux beaux-frères Louis de Thoré et Charles de Catalogne faisait dire aux gens que les Despointes n'avaient pas de chance et cette réputation entrait peut-être pour une part dans la répugnance que montrait ma mère pour l'union qui s'offrait à sa fille aînée. Mon père, malgré son pessimisme habituel ne voulut pas une minute s'arrêter à cette objection, et il pria notre Oncle Gaston de La Garrigue de lui amener son protégé. Il ne pouvait plus juger des qualités physiques de Roger : sa haute taille, son air de distinction réservée, mais la voix lui plut tout de suite et plus encore tout ce qu'elle exprimait ; il se déclara, pour sa part, consentant au mariage de sa fille. Celle-ci, consultée, ne se fit pas prier pour dire que le projet lui plaisait et, très rapidement, dit le oui qui devait changer sa vie, et entraîner une longue suite, encore ininterrompue, de conséquences heureuses.

Durant cette année 1900, la Rivière Blanche abrita donc deux et, dans les derniers mois, quelquefois trois couples de fiancés, car, à Charlot et Lilie, à Roger et Juana, se joignaient souvent Clémentine de La Roche et Roland Pichevin. Cet ami de notre Oncle Joseph Marry était en effet revenu à la Martinique et n'avait pas tardé, dans une ambiance d'accueil très affectueux, à fixer son cœur et à lier son destin à celui de notre cousine. Leur mariage n'eut pas lieu à la Martinique ; accompagnée par sa mère, qui ne devait plus la quitter, Clémentine partit pour la France, où elle retrouva son futur mari. La venue de deux enfants, Louis et Simone, compléta assez rapidement le bonheur de ce ménage, et leur foyer devint, après l'éruption de 1902, un centre assez attractif pour tous les créoles chassés de leur pays. Nous verrons plus tard le rôle bienfaisant que joua Roland à un moment particulièrement pénible de la vie de Juana et de Roger. Pour l'instant, restons-en au prélude d'un bonheur qui devait être court, mais total.

Le 25 septembre 1900, le mariage eut lieu à Saint-Pierre, Tante Adeline tenait à lui donner toute la pompe et l'éclat désirables, car en bonne marraine, elle entendait en assumer la charge matérielle. Pendant les mois de fiançailles, on nourrit à la Rivière Blanche un énorme troupeau de dindes, de pintades et de canards et je m'amusai beaucoup à voir gaver les oies. Tante Adeline en faisait faire autant à Bassignac, et il fallait bien l'apport des deux basses-cours pour parer aux exigences d'une fête qui allait réunir une foule d'invités. Ses pièces de réception lui semblant insuffisantes, Tante Adeline pria ses voisins et amis les Glandut, de lui accorder chez eux un peu de place, ce qu'ils firent volontiers ; on abattit un pan de mur pour faire communiquer les deux maisons et c'est chez eux qu'eut lieu le dîner de 250 ou 300 couverts, alors qu'on réserva pour le bal le salon et la salle à manger des La Garrigue. La fête fut en tous points réussie ; depuis les toilettes du cortège de cinquante-six couples qui parcourut à pied le trajet de l'église à la maison, jusqu'aux moindres friandises du dîner. Car pour nous, les enfants, ce qui nous importait le plus c'étaient les bonbons, le champagne qu'on nous permettrait de boire, la longue veillée entre les groupes de danseurs et non la danse elle-même. Je m'étonne de trouver dans mon souvenir le grand plaisir d'avoir une belle robe de soie, il faut croire que, malgré tout, j'avais un grain de coquetterie, car je rêvai de cette robe plusieurs nuits de suite et désirai vivement la remettre. Mais on la gardait précieusement pour le mariage de Charlot, lequel devait avoir lieu en janvier 1901. Durant les quatre mois qui séparèrent ces deux cérémonies, nous nous préparâmes à quitter la Rivière Blanche pour nous installer à la Grand'Case. Je n'ai aucun souvenir de ce déménagement sans doute parce que nos parents, pour être plus tranquilles, l'exécutèrent pendant notre absence.

Juana nous avait invités à passer quelques jours à Sainte-Marie et ce fut là mon premier voyage. Jusqu'alors je n'étais pas allée plus loin que Saint-Pierre et le Morne Rouge et j'ai encore, très présente, la joie que me procura ce dépaysement.

J'étais très fière de mon grand beau-frère qui me traitait tantôt comme une sœur raisonnable, tantôt comme une fille (sa première née, Jenny, aurait eu juste mon âge si une fièvre typhoïde ne l'avait emportée), mais toujours affectueusement. Je fis alors connaissance de ses trois enfants, Raymond, Rachel et Marcel, avec qui j'étais destinée à avoir des rapports tendrement fraternels. Pour le moment, ils me semblaient très bébés, même l'aîné qui n'avait que dix-huit mois de moins que moi ; je me faisais sans doute une bien haute idée de mon « débrouillage ».

Nous eûmes en revenant de Sainte-Marie par Bassignac, où Tante Adeline nous avait retenus aussi quelques jours, un accident de voiture qui faillit coûter la vie à notre Oncle Gaston qui nous ramenait à Saint-Pierre. Les rênes cassées, je ne sais comment, les chevaux s'étaient emballés dans une descente et menaçaient de nous verser dans le profond ravin que nous longions[1]. Aussi Tonton Gaston avait-il voulu sauter de la voiture pour arrêter l'attelage ; il le fit maladroitement et, dans sa chute, sa tête alla porter contre une pierre. Le cocher de la voiture qui nous précédait eut heureusement le sang-froid de sauter à la tête de nos chevaux et les immobilisa. Mais il fallait soulever le corps inerte de notre Oncle évanoui et, avec cet homme, il n'y avait que des enfants et deux femmes : notre Tante Amélie Marry, plus affolée qu'aucune de nous devant la plaie béante et le sang qui coulait à flots, et Tante Rosette, toujours courageuse, mais bien faible physiquement. A la source voisine, nous trempâmes nos mouchoirs, on en fit un tampon qu'on maintint sur la plaie, quand nous réussîmes enfin à ramener et à hisser dans la voiture le corps horriblement lourd de ce grand et gros homme de soixante ans. Arrivés à Saint-Pierre chez notre Oncle Joseph Marry nous nous sentîmes sauvés, tant nous avions eu peur de voir mourir dans le trajet notre blessé ; mais déjà il reprenait connaissance et Tonton Jo déclara que la plaie du crâne n'était que superficielle et facile à recoudre.

---

[1] Les voitures martiniquaises n'ont jamais été pourvues de frein ; les chevaux en retenaient eux-mêmes le poids dans les descentes, en s'appuyant sur le reculoir.

CHAPITRE XI

LA GRAND'CASE ET SAINT-PIERRE – 1901

Le cœur léger, nous prîmes le chemin de la Grand'Case où nous attendaient nos parents. Tout y était battant neuf, luisant. Nous avions devant nous un merveilleux domaine à explorer, ces « ravines de cacaoyers » où même en plein midi, il faisait éternellement sombre et où s'épaississait, pour féconder le sol, un invraisemblable tapis de feuilles. La Grand'Case était située à un ou deux kilomètres du Prêcheur au nord de Saint-Pierre et de la Rivière Blanche, dans cette partie de la Martinique qui regarde l'île anglaise voisine : la Dominique ; mon père assurait qu'avec de puissantes jumelles, il y avait vu souvent couper les cannes ; tout près de la côte, un îlot rocheux, la Perle, évoquaient les combats fameux que s'étaient livrés ici Français et Anglais, à l'époque où la guerre de course les mettait sans cesse aux prises. Il nous indiquait encore la place où, dans son enfance, il allait pêcher à la ligne sur la carcasse d'un brick français, le Cygne, qui avait tenu tout seul contre plusieurs vaisseaux anglais, pour venir s'échouer ensuite par la faute d'un pilote local, sur les rochers de l'anse Pétel ! Mais la cargaison, sauvée par l'équipage et la population du Prêcheur, avait pu gagner Saint-Pierre et enrayer la disette qui menaçait la ville. Il nous disait aussi avec une éloquence émue, et qui me touchait jusqu'aux entrailles, comment les Anglais, apprenant que la ville reconnaissante allait offrir au jeune commandant du brick, Manouvrier du Fresne, une épée d'honneur, avaient sollicité l'honneur de lui donner le baudrier qui devait l'attacher. Nobles procédés d'un autre âge et qu'on a bannis avec tant d'autres où paraissait la vraie civilisation ! Nous écoutions avec ferveur ces récits de guerre, comme les histoires de contrebande du grand-père Lalung, et celles d'un vieil ami de Papa, Orphée Thomas, qui, par d'invraisemblables tempêtes, ne craignait pas de traverser dans un frêle « gommier » ce terrible canal de la Dominique, bien assuré alors que les douaniers ne l'y poursuivraient pas. C'était à « l'Anse Belleville » qu'il débarquait sa marchandise anglaise et plus d'une fois les nègres de la Grand'Case avaient transporté sur leurs épaules et caché sous les feuilles, dans les sombres ravines de cacaoyers, le canot et sa cargaison.

Curieuse éducation pour des petites filles, dira-t-on, que cet hommage rendu à la ruse et à la fraude ; peut-être. Vu de France, cet affranchissement envers les lois de son pays peut sembler sinon damnable, du moins pas très honnête, et certainement inélégant ; mais aux colonies, après deux ou trois siècles de lutte contre les éléments, contre les attaques armées des nations étrangères, la notion du bien et du mal, en matière civique, n'est plus tout à fait la même. Et de même que les hommes les plus raisonnables s'amusent au souvenir de leurs farces de collège qui bafouent l'autorité, de même les créoles d'autrefois pouvaient rire, avec leurs enfants, des bons tours joués aux douaniers du Roi ou de la République troisième.

Nous nous habituâmes vite à notre nouvelle installation bien que son éloignement de la ville ne nous permît plus de sortir du couvent du samedi soir au lundi matin que pour nous rendre chez notre oncle Joseph Marry où nous retrouvions Andrée pour deux nuits et une journée complète. Les externes étant séparées des pensionnaires à Saint-Joseph, nous voyions en somme assez peu notre sœur, aussi était-ce une joie que ces sorties chez ses parents adoptifs.

En amphithéâtre sur la large baie qui, entre le massif du Mont Pelé et celui des Pitons du Carbet, échancre la Martinique, Saint-Pierre était une petite ville bâtie en partie au XVIIème siècle et qui s'était développée au XVIIIème siècle ; beaucoup de maisons, malgré la crainte des tremblements de terre, y avaient été construites en pierre surtout dans l'artère principale, la rue Victor Hugo, qui, à mi-hauteur de la colline sur laquelle s'étageait une partie de la ville, courait parallèlement à la mer, sur une longueur de 1500 mètres environ. Elle n'était pas partout de même niveau, épousant les sinuosités du sol, mais elle constituait cependant le point de départ de toutes les rues perpendiculaires qui, d'un côté, dégringolaient vers la mer, et de l'autre, grimpaient vers le sommet de la colline. Parmi les premières, il y avait de véritables escaliers, des « cales », comme on disait, vieux mot emprunté à la langue des marins ; d'autres étaient si abruptes que, selon le mot de Lafcadio Hearn, si on avait le malheur d'éternuer en haut, on risquait de se retrouver en bas.

Cette rue Victor Hugo parcourait deux quartiers de la ville, le Centre, quartier bourgeois, et le Mouillage, plus commerçant, surtout dans la partie du port. Ces deux quartiers étaient séparés du troisième par une rivière torrentueuse. C'était le plus ancien certainement, puisqu'il gardait encore le nom du premier établissement des Français : le Fort Saint-Pierre. La ville, depuis un siècle au moins, s'appelait « Saint-Pierre », et « le Fort » désignait la partie qui, sur la rive droite de la Roxelane où avait débarqué d'Esnambuc, s'étendait par gradins successifs entre cette rivière et une autre qui marquait la limite de la ville : la Rivière des Pères[1]. Très montueux donc, puisque resserré entre deux vallées, le quartier du Fort renfermait les deux établissements religieux où étaient élevés tous les enfants blancs et ceux de la « société de couleur bien pensante », les garçons chez les Pères du Saint-Esprit et les filles chez les Sœurs de Saint-Joseph de Cluny.

Le collège occupait probablement l'emplacement du premier fort bâti par d'Esnambuc[2], il dominait toute la ville et ses murs, qui avaient en certains endroits l'aspect de véritables bastions, le rendaient visible de partout. De vastes bâtiments, entourés de jardins, une grande piscine qu'on appelait « vivier » fort improprement (usage encore vivant à la Martinique), un verger bien planté, réservé comme promenade aux religieux, mais, à cause de cela, trop fréquenté nuitamment par les élèves qui se faisaient une gloire d'y dérober les plus beaux fruits, tout cela constituait un magnifique établissement où les garçons auraient pu être fort heureux sous la garde assez indulgente des Pères ; et sans doute l'étaient-ils, car une fois satisfaite leur hâte d'en sortir, ils parlaient du Collège avec

---

[1] Les Pères Noirs ou les Pères Jésuites avaient leur établissement à la proximité de ce cours d'eau. La maison principale était certainement une des habitations les plus imposantes du pays et longtemps on l'appela le « Château de Périnelle ».

[2] Avec une centaine d'hommes d'Esnambuc débarqua sur l'île de la Martinique le 15 septembre 1635 depuis Saint-Christophe en un lieu qu'il baptisa Fort Saint-Pierre, du nom de son saint patron. Il mourut en 1636 et légua à Jacques Du Parquet tous ses droits sur la Martinique.

attendrissement. Mon père y avait été un élève studieux, mais un diable assez indiscipliné, trop fier « d'épater » ses condisciples et même les professeurs par son agilité et sa force. Charlot et Juanito n'avaient laissé que le souvenir de garçons normaux, travaillant plutôt bien que mal et raisonnables, mais Noche par contre s'y montrait le plus fantaisiste des mauvais élèves, décrochant quand il le voulait une place de premier, en langues étrangères surtout, mais la plupart du temps ne songeant qu'à tromper la surveillance pour faire les quatre cents coups. Sa légèreté incroyable faisait le désespoir de mes parents et mon père allait bientôt se résoudre à accepter l'offre de Roger Despointes de le placer à Sainte-Marie pour y apprendre le métier de contremaître d'usine. En attendant, il continuait au Collège une seconde déficiente et se mêlait à la bande de polissons de tout âge qui, pour taquiner leurs sœurs, venaient guetter la sortie des couventines et entendaient leur faire escorte, ou, pis encore : donnaient sous les fenêtres du dortoir des sérénades auxquelles ils mêlaient des apostrophes plus ou moins déplacées ou tendres à l'adresse des grandes élèves ou des religieuses.

Malgré les hauts murs qui l'entouraient sur trois côtés (le quatrième étant mitoyen avec la dernière, ou l'une des dernières maisons de la ville) notre couvent n'avait rien d'une prison, même à mes yeux de cheval échappé ; il était situé à l'extrême limite du Fort, dans la partie dite de la Consolation, et de nos fenêtres, nous pouvions voir pousser, puis fleurir, et enfin retomber sous le coutelas, les cannes à sucre de l'habitation Pécoul. Cette propriété, à laquelle on accédait par une magnifique allée, avait abrité un des tout premiers colons, plus tard propriétaire de l'île entière, Dyel du Parquet, le neveu et successeur de d'Esnambuc. Au Prêcheur, dans l'étroit cimetière proche de l'Eglise, une belle colonne de marbre blanc contiguë à la tombe des premiers Dujon, marquait le lieu de repos de ce célèbre colonisateur des Antilles et mon père, non sans fierté, rappelait que nous étions alliés ou même parents

A l'époque où il l'occupait, la propriété s'appelait « La Montagne », nom auquel on substitua celui d'un plus récent propriétaire, mais qui, de nos jours, a été repris, me dit-on, par l'actuel occupant, Victor Depaz.

L'allée Pécoul et la route qui y faisait suite étaient le but de nos promenades du jeudi, et quand nous arrivions jusqu'aux « Trois-Ponts » cela me semblait le bout du monde.

Nous ne sortions bien entendu jamais seules ; pour nous ramener à la Rivière Blanche, autrefois on envoyait Da Rosina, maintenant qu'elle était à la Grand'Case, c'était la femme de chambre de Tante Rosette qui venait nous chercher. Déjà, dans la journée, elle avait fait deux fois le trajet : le matin à 7 heures pour conduire Andrée au couvent et à midi pour lui apporter son déjeuner : car on ne faisait guère circuler les fillettes ou jeunes filles sous le cuisant soleil au zénith ; la plupart étaient demi-pensionnaires, mais un certain nombre recevaient de chez elles leur nourriture de midi dans une de ces boîtes si typiquement martiniquaises qu'on en chercherait en vain de semblables. Elles sont carrées, montées sur de légers supports, et surmontées d'un couvercle qui ferme hermétiquement mais laisse passer, par une ouverture ronde, le col d'une carafe à vin qui se trouve ainsi immobilisée. Dans la boîte, tout un petit couvert complet avec des plats garnis était dressé et c'était, à l'heure de midi, un bien curieux spectacle que le défilé de trente ou quarante négresses portant chacune sur la tête une boîte semblable peinte en rouge, vert ou brun. Dans l'ardente chaleur, le déjeuner ne refroidissait guère et chaque destinataire, à sa place habituelle, trouvait la table mise.

A quatre heures et demie ou cinq heures, la même servante revenait chercher l'enfant pour la ramener chez elle. Il faisait alors moins chaud et tout le trajet se faisait en descente. Quand nous le faisions avec Andrée, c'était à qui irait le plus vite, car nous espérions bien jouer un peu avant le dîner (qui avait lieu à sept heures et demie au plus tard) et même avant la nuit qui tombe à six heures.

Andrée était une enfant très gâtée : une grande chambre « pour elle toute seule », une magnifique chambre de poupée, une bibliothèque bourrée de livres, témoignaient non seulement de la tendresse attentive de ses parents adoptifs, mais encore de la reconnaissance des nombreux parents et amis que soignait gracieusement Tonton Jo. Tous ses désirs étaient comblés et elle déclarait volontiers elle-même qu'elle était la filleule des fées ; elle l'était bien plus encore par sa riche nature, qui plus tard, devait la mettre en mesure de parer en souriant tous les coups du destin, d'aider son mari en toutes circonstances et de se trouver toujours heureuse.

Pourtant en cette année 1900, elle venait d'avoir un bien grand chagrin ; elle avait vu partir pour la France avec ses parents et sa grand'mère, son amie de toujours, son inséparable compagne de jeux : Caroline Langellier Bellevue.

Ceux que nous appelions selon la coutume martiniquaise qui, pour les enfants, semble avoir banni les cérémonieuses appellations de « Monsieur et Madame » : Tonton Joseph et Tante Jeanne, nous étaient effectivement parents, mais l'intimité d'une affection profonde bien plus encore que les liens d'une assez lointaine consanguinité, les rapprochait quotidiennement de mon oncle et de ma tante Marry. Séparés uniquement par une petite place où nuit et jour retombaient les jets d'une fontaine, « la place des Pompes », leurs maisons se faisaient vis-à-vis ; pour se visiter, l'on n'avait à traverser qu'un carré de trente à quarante mètres et, naturellement, Andrée et Caroline n'hésitaient pas à le faire chaque fois que le désir leur en prenait. Tante Jeanne avait une seconde fille aussi charmante d'ailleurs que la première, Henriette : Yetto, pour toute la famille. Elle était aussi blonde que son aînée était brune, aussi enjouée et rieuse que l'autre était raisonnable ; elle aussi aurait bien voulu se mêler à nos jeux quand nous étions réunies chez Tonton Jo, mais nous dédaignions un peu ses quatre ou cinq ans et seul, peut-être par une sorte de prédestination, le doux Georges Huc entendait ses appels : « Ti Zoze, viens zouer avec moi ». Les autres, plongés dans les livres de la Bibliothèque Rose, ou occupés à découvrir tous les mystères de ces vieilles demeures, faisaient la sourde oreille.

Elles étaient en effet curieuses ces constructions qui, épousant la forme de la colline, s'étageaient sur une pente assez raide. Par exemple l'entrée pour les piétons de la maison de Tante Rosette se trouvait dans la rue Victor Hugo, de plain pied avec la place des Pompes ; mais les voitures qui passaient par cette place descendaient dans une première cour et, par une pente encore plus roide, on conduisait les chevaux à l'écurie dans une seconde cour où se trouvaient le jardin, le rez-de-chaussée des communs dont le premier étage était de niveau avec la cour supérieure, la salle de bains, etc. De cette seconde cour, on gagnait par un nouvel escalier une troisième cour en contrebas où étaient le poulailler, les clapiers et qui s'ouvrait sur une de ces rues rapides dont j'ai parlé : la rue d'Enfer. Là encore il subsistait, comme chez les Langellier Bellevue, les anciens cachots d'esclaves et l'on y rangeait toutes sortes d'objets de rebut.

Avec quelle émotion, à Fez, j'ai retrouvé dans une vieille demeure arabe transformée en hôtel, le Palais Jamaï, cette disposition en étages des cours intérieures, cette végétation enclose de murs et jusqu'au bruit incessant de l'eau retombant dans les bassins. En fermant les yeux ou plutôt en les tournant vers le jardin d'où montait le parfum du jasmin mêlé à l'odeur moins suave mais plaisante, d'une bonne cuisine, j'ai pu me croire transportée à trente-cinq ans en arrière, à Saint-Pierre de la Martinique, dans cette maison dont on retrouve seulement l'emplacement grâce à la fontaine de pierre que le feu dévastateur du 8 mai 1902 n'a pas entièrement détruite.

Une photographie miraculeusement conservée, nous la montre sur la façade regardant la place et l'on devine l'autre, sur la rue Victor Hugo, portant un balcon couvert.

C'est de ce balcon que, le 5 mai de cette terrible année, nous vîmes s'ouvrir le flanc de la Montagne Pelée et rouler l'énorme avalanche de boue qui balaya l'usine Guérin et combla jusqu'aux bords de la Rivière Blanche.

Pour le moment, en cette fin de 1900 et au début de 1901, nul ne pouvait prévoir de tels cataclysmes ; nous avions seulement eu le chagrin de voir partir avec les Langellier Bellevue, et nos amis Borde[1], nos cousins Huc et leurs parents. Tante Anna persuadée, non sans raison, que ses fils ne pourraient faire à Saint-Pierre des études assez sérieuses pour les conduire à la carrière dont elle rêvait pour eux, et ne voulant pas se séparer d'eux, avait décidé mon Oncle Edouard à abandonner la Martinique pour s'établir à Paris ; il était encore assez jeune, disait-elle, pour se refaire une situation, sinon brillante, du moins suffisante pour permettre à Edouard et à Georges de poursuivre les études médicales jusqu'à l'obtention de l'internat et même mieux encore, s'ils le

---

[1] Gustave Borde était le neveu de notre Oncle Gaston de la Garrigue, et nous étions très liés avec ses enfants qui étaient d'âges correspondants aux nôtres.

désiraient. La suite des événements montra à quel point elle avait eu raison.

Nos cousins nous manquèrent beaucoup au mariage de Charlot ; cette cérémonie, plus intime que celle du mariage de Juana, réunit seulement la famille ; elle débuta par une messe comme en France, alors qu'à cette époque on se mariait l'après-midi, puis un déjeuner eut lieu chez Tante Emilie Decomis, à la rue Longchamp. Elle avait imaginé de faire tendre au-dessus de la cour de sa maison un immense velum, fait de plusieurs bâches vertes assemblées, et de dresser le couvert par petites tables, groupant ainsi les invités par rang d'âge et aussi selon les affinités. Les tables de la jeunesse qui réunissaient mes sœurs, Noche, nos cousins La Rougery, Grandmaison, Gravier Sainte Luce, etc. étaient particulièrement animées, celle des enfants, que je présidais comme sœur du marié, était encore plus bruyante sans doute, bien qu'une dysenterie tenace me privât de champagne et réduisît mon repas au seul liquide permis : du lait, servi dans une magnifique écuelle d'argent mais qui me valait mille quolibets de Raymond Marry et de Maurice Le Dentu. L'après-midi, on dansa, puis les invités se retirèrent peu à peu.

Abstraction faite du mariage de mon frère, l'année 1901 fut marquée pour moi par le séjour que fit à Pâques, à la Grand'Case, Maurice Le Dentu, séjour qui révéla de façon inoubliable et la turbulence de notre jeune cousin et sa force physique extraordinaire. Le morne abrupt auquel s'adossait la maison et qui était couvert d'arbres fruitiers plus ou moins cultivés, était notre domaine particulier ; à force d'y grimper, d'y traîner nos fonds de culottes en glissades, nous usâmes, Maurice surtout, la majeure partie de notre garde-robe. Le reste du temps nous nous mêlions aux jeux des grands et c'est alors que Maurice, qui n'avait pas neuf ans, ne craignait pas de s'aligner auprès de mes frères pour lancer des poids ou soulever des haltères ; bien entendu, il n'atteignait à aucune de leurs performances, mais en tenant compte de son âge, il les dépassait certainement. Il est fort possible que ces exercices, dont il était coutumier, aient entraîné chez lui un arrêt de la croissance des os et l'aient empêché de grandir autant qu'il aurait pu le faire. Je doute, en tout cas, qu'il existe ou ait existé un enfant plus porté que lui à faire l'homme et par conséquent plus taquiné par « les grands ». Mais la rancune la plus légère n'a jamais habité son âme, et plus tard, entouré de jeunes, tout en jouant au mentor, il a su ne pas les taquiner à son tour. Parmi les mésaventures que lui valait sa turbulence, ou son irréflexion (chose naturelle chez un enfant de cet âge), je ne citerai que celle qui lui arriva à la Grand'Case en ce début de 1901.

Mon frère Charlot avait été appelé un après-midi par des Indiens qui lui avaient signalé la présence, sous un rocher d'un très gros serpent ; l'animal était lové mais il lui était difficile ou même impossible de s'élancer contre un agresseur, arrêté qu'il était par une assez grosse racine ; par contre un canon de fusil pouvait certainement passer de part ou d'autre de la racine, en un mot, on pouvait sans danger l'observer de près, avant de le tuer. Nous courûmes tous à cette exécution, Maurice le premier, qui, à la Guadeloupe, n'avait jamais pu voir de serpent. Quand nous eûmes bien exprimé notre opinion sur l'air vraiment méchant du reptile, Charlot fit feu et lui broya la tête. Comme il était particulièrement gros, mon frère voulut le mesurer et ordonna aux Indiens de le dérouler, ce qu'ils firent ; c'est alors que Maurice eut l'idée de presser de son soulier sa queue et qu'on vit cette chose inattendue : l'animal déjà mort s'enroula en une monstrueuse spirale à la jambe de l'enfant qui se prit à hurler et à fuir entraînant et secouant désespérément la bête immonde et terrible. On l'empoigna et les deux « travailleurs » qui riaient de sa méprise, le débarrassèrent de l'affreuse étreinte. On s'expliqua et on lui expliqua cette chose extraordinaire par le fait que le trigonocéphale avait été tué lové, c'est-à-dire dans la position du ressort bandé prêt à se détendre, et qu'étant déroulé, il avait suffi de la moindre pression en bout pour qu'il reprît sa position initiale. On plaisanta beaucoup Maurice sur sa peur des serpents morts, mais je me demande quel adulte n'aurait pas cru comme lui que le serpent, simplement étourdi, revenait agressivement à la vie. Cette même année, et à plus juste titre, nous connûmes tous la peur d'être dévorés par un requin. Cela se passa à l'Anse Belleville où nous avions coutume de nous baigner. On sait souvent, avec plus ou moins d'ironie, qu'aux Abîmes, le hameau proche de la Grand'Case, les petits nègres plongeaient au milieu des requins, ce n'était qu'une manière de dire pour marquer la fréquence de ce danger au Prêcheur, mais seul parmi nous, Gaston Decomis, le frère de Lilie, l'avait connu. Admirable nageur, malgré sa terrible infirmité (un spina-bifida qui lui paralysait les jambes), notre cousin âgé de dix-huit ans avait pu échapper à la poursuite d'un requin et le récit de son aventure nous donnait froid dans le dos.

Ce jour-là, alors que nous prenions dans l'eau un goûter assez important, Madame Montout, qui nous l'avait apporté, était restée sur la plage. Soudain elle poussa un cri : « Réquin, réquin, sôti ! » Nous ne nous le fîmes pas répéter et gagnâmes le rivage aussi vite que possible, à l'exception de ma sœur Lily qui, paralysée par la peur, ne bougeait pas et gémissait : « Je ne peux pas ! Je ne peux pas ! » Avec une indicible terreur, nous voyions maintenant s'avancer vers elle à toute allure l'énorme nageoire dorsale, l'aileron du squale. Charlot ne fit qu'un bond, empoignant par le bras la pauvre Lily, il la tira de toutes ses forces, elle n'avait pas encore touché le sable qu'à sa place tournait en rond la monstrueuse nageoire.

Plus morts que vifs, nous reprîmes le chemin de la Grand'Case, nous promettant de surveiller désormais prudemment la mer sur un rayon de cent ou deux cents mètres ; mais cette peur dura peu et, quelques semaines après, l'Anse Belleville nous revit aussi assidus, moi surtout qui avais fait la connaissance d'un pêcheur émérite. Etait-ce un blanc authentique ou ses veines contenaient-elles quelques gouttes de sang noir ? Je ne saurais le dire ; mais en tout cas, Henrius de Chavigny de la Chevrotière appartenait à l'une de ces vieilles familles aristocratiques tombées dans une profonde misère, comme il en existait à la Martinique, et qui maintenant, par leur métier manuel, se trouvaient rejetées parmi les « gens de couleur ». Il fréquentait chez Madame Montout, dont la maison très hospitalière nous servait de cabine de bain. Amusé par mes goûts de « garçon manqué », il consentit à m'emmener lever les nasses en eau profonde[1], mais pour ne pas perdre son temps à me ramener, il me laissait fort bien gagner le rivage à la nage. Le jour où fière de cette nouvelle relation, je rentrais à la

---

[1] La côte du Prêcheur s'abaisse brusquement presque « à la lame battante » selon la vieille expression locale, et le nom des « Abîmes » correspond à une réalité géographique.

maison rapportant « ma part de poisson » comme si j'étais pour quelque chose dans l'affaire, je me fis beaucoup gronder par mes parents et taquiner par les frères et cousins surtout par Gaston Decomis qui, sur-le-champ, me baptisa « la femme du pêcheur » comme d'autres m'avaient appelée « la fille des bois ». Hélas ! bien proche était le temps où ces taquineries n'auraient plus cours, les taquins eux-mêmes ayant disparu dans l'affreux cataclysme qui ravagea une partie de notre pays, balaya le quart de la population et plongea dans le dénuement ma famille entière, à l'exception de Juana.

CHAPITRE XII

1902 – L'ANNÉE TERRIBLE

C'était au Prêcheur que se montrèrent les premières manifestations de l'activité volcanique de la Montagne Pelée. Nos grands-parents n'ignoraient pas que ce prétendu volcan éteint avait eu, en 1851, un bref réveil ; c'était même la nuit du mariage de ma grand'mère Huc, Maman Loulou, qu'il avait eu lieu et ce précédent, par son peu de gravité, fut certainement cause que nombre d'habitants de Saint-Pierre ne s'alarmèrent aucunement malgré les symptômes les plus inquiétants qui, du 25 avril au 8 mai, se succédèrent.

Cela débuta par des odeurs sulfureuses violentes, émanations qui noircissaient toute l'argenterie.

Puis, le 25 avril, une première pluie de cendres eut lieu, bien qu'on ne vît encore sortir du cratère qui s'était formé aucune colonne de fumée. Ces chutes se répétèrent au Prêcheur avec une telle intensité que l'image de Pompéi ou d'Herculanum se présentait naturellement à l'esprit ; comme Saint-Pierre semblait en dehors de la zone soumise au vent qui transportait la cendre, mes parents, comme mon Oncle Raoul Marry, avaient décidé de se rendre à Saint-Pierre, l'un chez les cousins de sa femme, les Fourniols, les autres chez notre Oncle Joseph Marry. Mais ils n'avaient pas encore exécuté leur projet, quand le samedi 3 mai, Saint-Pierre se réveilla couvert de cendres épaisses.

J'entends encore la voix grave de la religieuse qui surveillait notre dortoir pour nous appeler aux fenêtres : « Voyez mes enfants ce qui se passe, une éruption volcanique qui peut s'aggraver. Dès aujourd'hui, vous avez la permission de regagner vos foyers où nous prierons Dieu qu'Il vous garde en sûreté ! » Deux ou trois heures après, nous étions chez Tonton Jo où nos parents nous avaient précédés.

Ma belle-sœur Lilie a donné à un journal de la Trinidad, où son mari, sa mère, sa sœur et elle trouvèrent un refuge et un chaleureux accueil, le récit de cette éruption de 1902 ; mais, destiné au public, il omet forcément des détails qui n'auraient point intéressé des étrangers ; peut-être, au contraire, mes notes, concernant tel ou tel parent, sembleront-elles à mes petits neveux plus attachantes que le reste. Je me décide donc à faire un récit de ces journées inoubliables telles que les vécut une fillette de onze ans.

*
* *

Ceux qui, trente ou quarante ans après ces événements, en entendent le récit, ne manquent jamais de s'écrier : « Alors on n'avait donc pas peur, on ne se rendait pas compte du danger ? » Il est difficile de répondre pour tout le monde, car évidemment chacun a réagi selon son tempérament ; d'une manière générale on peut dire que la panique, l'insouciance, la curiosité, le courage, avaient également cours et même se succédaient dans un même milieu. Chez mon Oncle Joseph, deux personnes ont eu peur dès le premier moment et c'est à leur frayeur que nous devons d'avoir la vie sauve : Tante Rosette et ma belle-sœur « Lilie Charlot » (comme nous disions depuis un an, pour la distinguer de ma sœur Lily).

Les autres avaient des sentiments divers, allant d'une inquiétude raisonnée, comme celle de Charlot, à l'insouciance absolue, comme la mienne, en passant par l'optimisme de mon père qui ne pensait qu'à 1851, et le courage passif de Maman laissant les hommes discuter de la conduite à suivre. Car dès ce samedi, Tante Rosette et Lilie Charlot voulaient quitter la ville et on leur opposait mille raisons dont l'une était pour mon Oncle la nécessité de continuer son service à l'hôpital et ses soins à une nombreuse clientèle. Le samedi 3 et le dimanche 4 se passèrent ainsi : l'espoir de voir cesser l'éruption, la crainte provoquée par de nouveaux symptômes de troubles géologiques considérables : tremblements de terre, crues subites, sans pluie aucune, des rivières prenant leur source dans le Massif de la Pelée, étaient les thèmes alternés des interminables conversations et sans doute toutes les familles de Saint-Pierre en tenaient-elles de semblables. D'un balcon à l'autre on s'interrogeait : « Avez-vous peur ? Partez-vous ? » Quelques visiteuses venaient parfois s'informer de nos projets, elles apportaient des nouvelles : « Vous savez qu'il y a un départ pour Sainte Lucie, les dames Plissonneau, Mac Hugh, de Grandmaison, Ernoult partent, leurs maris les accompagnent mais reviennent immédiatement, pourquoi n'en pas faire autant ? » – « Mais c'est qu'elles ont des parents à Sainte Lucie, nous, nous n'y connaissons personne ! » – « Hélas ! c'est comme nous, mais nous cherchons aux environs, sur les "hauteurs", au quartier Monsieur, au Morne Rouge, car si "la mer monte" on y sera mieux. »

Le raz-de-marée était en effet la plus grande cause d'épouvante, et l'éruption de l'île de Krakatoa n'était pas étrangère à cette crainte. Ce volcan de la Sonde qui avait sauté, un beau matin, comme une gigantesque bombe emportant un morceau de l'îlot, avait, en effet, provoqué un raz-de-marée qui s'était fait sentir assez loin et nombreux furent ceux qui, pendant la période des éruptions du 8 mai au 30 août 1902, attendirent en tremblant un semblable cataclysme. D'où le refuge cherché sur les collines environnant Saint-Pierre où toutes les maisons de villégiature furent immédiatement occupées.

Ce même dimanche, on nous rapporta que la Rivière des Pères « n'arrivait plus à la mer », chose étrange et pourtant facile à vérifier : une faille, un gouffre s'était ouvert où disparaissait tout ce que charriait la crue : pierres ponces, troncs d'arbres que l'on voyait reparaître dans la mer à cent ou deux cents mètres du rivage. C'était là un spectacle étrange où se pressait la moitié de la ville.

Le lundi 5 mai, notre Oncle Joseph voulut se rendre compte de ce qui pouvait se passer à la Rivière Blanche, située comme l'on sait au pied du Mont Pelé ; mais il dût s'y rendre en canot, la route étant coupée en plusieurs endroits par les étranges crues des rivières. Il en était revenu assez tard, dans la matinée, fort impressionné par ce qu'il y avait vu : deux fumerolles qui s'étaient ouvertes dans le sol de sa propriété et d'où s'échappaient des jets épais de vapeurs sulfureuses : « J'ai deux volcans à moi tout seul », nous dit-il en secouant la cendre accumulée sur ses vêtements et en se dirigeant vers la salle de bains où, de toute nécessité, il lui fallait passer avant de se mettre à table. Après le déjeuner, nous venions à peine de gagner les chambres quand une effroyable détonation se produisit et, comprenant d'où elle venait, nous courûmes au balcon d'où l'on voyait fort bien la montagne. Du cratère, subitement échancré par une avalanche formidable de matières volcaniques : pierres, boue chaude, etc., que, de prime abord, nous prîmes pour de la lave, nous vîmes descendre une immense traînée de vapeur blanche suivant la vallée de la Rivière Blanche et disparaître, balayée comme un fétu de paille, l'usine Guérin. Seule dépassait du flot brûlant, la haute cheminée de tôle qui ne devait pas tarder à disparaître dans la mer. Consternés, épouvantés, en songeant à nos amis Guérin, à leurs ouvriers, nous échangions mille propos heurtés au milieu desquels revenait en leit-motiv la prière de Tante Rosette : « Partons mes amis ! Joseph, je t'en supplie, cherche-nous un abri ; ici je vais devenir folle si ça continue ! – Voyons ! voyons ! s'écriait Papa, comment manques-tu tant de courage, ma petite sœur, toi si brave d'habitude ! Maintenant que ce volcan a fait sauter sa bonde, il va se calmer, ce sera comme en 1851 ! »

Grâce à Dieu, Tonton Joseph et Charlot, moins optimistes que notre cher aveugle qui ne pouvait se faire une juste idée des phénomènes, se laissèrent persuader de la nécessité de fuir la ville. Mais toutes les maisons de villégiature des environs de Saint-Pierre étaient déjà occupées et notre oncle aurait peut-être renoncé au départ si le hasard, ou plutôt la Providence, n'avait placé sur sa route le « géreur » de l'habitation Beauregard, M. Louis Gouyé, qui mit à sa disposition la maison de maître que le départ des propriétaires laissait inoccupée et totalement vide. Elle pouvait nous abriter tous, y compris Tante Emilie Decomis et sa fille Jeanne que ma belle-sœur Lilie tenait absolument à emmener avec nous. Il s'agissait seulement d'y transporter l'indispensable d'un campement : matelas, batterie de cuisine et quelques assiettes. Dans la journée du mardi 6 mai, nous opérâmes ce petit déménagement et arrivâmes à Beauregard dans l'après-midi, assez tôt pour nous installer avant la nuit. Tandis que les « grandes personnes » s'occupaient de dresser dans la longue galerie transformée en dortoir notre coucher rudimentaire et de préparer le dîner, nous commençâmes, mes sœurs et moi, à reconnaître les lieux. J'eus vite fait de repérer dans la cour tous les arbres auxquels on pouvait grimper, le bassin où il ferait bon de se plonger et, en général, toutes les ressources de la propriété, cependant que Lily, Andrée et

Jeanne Decomis découvraient avec ravissement dans le grenier des malles ou coffres où s'entassaient depuis trente ou quarante ans les robes et les chapeaux de la famille Le Lorrain de Beauregard. Il y avait là une mine considérable de déguisements et elles se promirent bien de l'exploiter dès le lendemain.

La journée du mercredi se passa sans incident notable et allait s'achever de même quand, à la nuit déjà close, nous vîmes arriver en voiture toute la famille de notre Oncle Raoul Marry que nous n'attendions guère. En effet, la veille, au cours des conversations où s'était décidé notre départ, l'on avait pu constater, non sans surprise, que notre Tante Amélie, généralement pusillanime, ne manifestait aucune crainte quant au volcan. Elle avait donc décidé de rester chez les Fourniols avec ses enfants et sa mère impotente, jusqu'au moment où elle pourrait regagner le Marry. Dans l'après-midi du mercredi 7, elle reçut une lettre de ses jeunes cousines de La Roche qui, avec leur mère et leur frère, s'étaient réfugiées à quelques centaines de mètres de Beauregard, au Quartier Monsieur. Ces charmantes jeunes filles, plus jolies les unes que les autres, aimaient beaucoup leur cousine et s'étonnaient qu'elle n'eût pas eu l'idée de nous suivre à Beauregard où, disaient-elles, elle serait avec ses enfants plus en sûreté qu'en ville.

En recevant cette lettre, mue par une appréhension soudaine, Tante Amélie porta ses regards sur la Montagne Pelée. A cet instant s'élevait du cratère une monstrueuse colonne de fumée et, bien qu'il n'y eût aucune pluie de cendres ou aucun autre phénomène plus alarmant, elle se sentit envahir par une peur aussi soudaine que violente : « Raoul ! Raoul ! cria-t-elle, vite, vite, va chercher une voiture, nous allons partir pour Beauregard ! » En vain son mari voulut-il lui représenter que cette panique irraisonnée ne reposait sur aucun fait nouveau, que l'arrivée inopinée de cinq ou six personnes pouvait provoquer quelque embarras à Beauregard, elle ne voulut rien entendre. Se tournant vers Madame Albert qui protestait qu'à son âge, une installation aussi rudimentaire serait insupportable, et que d'ailleurs si danger il y avait, sa présence parmi nous, impotente comme elle l'était, pouvait être un obstacle à notre salut par la fuite, notre Tante s'écria sur un ton douloureux mais ferme : « Dans quelle situation tu me mets, ma chère Maman, entre toi et mes enfants, il me faut choisir ! – Ton choix est tracé, ma fille, répondit Madame Albert, tu te dois à tes enfants d'abord, pars sans scrupule et quand tout sera rentré dans l'ordre nous nous retrouverons ici. » Entassant en hâte dans la voiture que notre Oncle Raoul s'était décidé à aller chercher un ou deux paniers caraïbes et les trois enfants, ils prirent le chemin de Beauregard. Nous les vîmes arriver dans la nuit, lui, notre oncle, un peu penaud d'avoir cédé à la frayeur de sa femme, elle très nerveuse d'avoir dû abandonner sa mère, et nos cousins enchantés de nous retrouver dans un cadre nouveau. On leur fit place sur nos matelas placés à même le sol et les bougies étaient à peine soufflées que la nuit fut soudain déchirée par des éclairs et un orage des plus violents. Du moins c'est ce que nous crûmes, n'ayant pas encore assisté à ces éruptions de feu que, par la suite, nous apprîmes à connaître. Détonations, roulements sinistres se succédaient si rapidement qu'il fut impossible de dormir. C'est à cette nuit blanche, ou presque, que mes sœurs durent de se trouver encore au lit quand vers huit heures (7 heures 50 exactement) éclata le cataclysme foudroyant où devait disparaître la ville.

Levée relativement tôt et suivie de Raymond Marry que je voulais dès la première heure, initier aux agréments de « l'habitation », j'étais avec mon cousin, juchée dans un cerisier quand nous fûmes secoués par une terrible détonation et je vis rouler vers Saint-Pierre et vers nous, une gigantesque masse noire qui me fit l'effet d'une mouvante montagne, impression que j'exprimai par ce cri de terreur adressé à mon Oncle Joseph : « Regarde, Tonton, la montagne court sur nous ! – Sauve qui peut ! cria-t-il en nous poussant hors de la maison. » Nu-pieds et en chemise de nuit, Lily et Andrée s'élancèrent à notre suite, car Adèle, Minie, Raymond et moi avions pris la tête du convoi en fuite. Au bout d'une centaine de mètres, nous nous comptâmes, nous étions, en comprenant la jeune femme du « géreur », Madame Louis Gouyé et ses deux bébés, 17 au lieu de 19. Charlot s'aperçut que nos parents manquaient à l'appel et sa belle-mère lui dit qu'en passant devant la salle de bains, où elle savait qu'étaient Papa et Maman, elle leur avait crié de se sauver. Immédiatement, mon frère, en intimant à sa femme l'ordre de ne pas le suivre, s'en retourna vers la maison d'où il pensait sans doute ne pas revenir. Alors la pauvre Lilie s'agenouilla dans le sentier et, les bras en croix, attendit le retour de son mari. Grâce à Dieu, ce ne fut pas très long. Mon frère revint soutenant Maman plus morte que vive, car elle avait cru ne jamais nous revoir. Quand mon père lui avait transmis le conseil de fuir, jeté en passant par Tante Emilie Decomis, elle perdit la tête complètement et voulut entraîner son mari, qui, sortant du bain, n'avait aucun vêtement et refusait de se sauver nu. Il prit le temps de s'habiller puis de se chausser et, passivement résignée, Maman attendait la mort quand parut Charlot. Il les entraîna aussi vite qu'il put et retrouvant sa femme, il se dirigea vers la droite, alors que nous avions incliné vers la gauche. C'est ainsi que nous fûmes, pendant cette heure cruelle, séparés en deux groupes et persuadés réciproquement de la mort des autres. Nous avions entendu en effet les cris déchirants partis du « Quartier Monsieur » et maintenant le silence affreux n'était plus troublé que par les détonations du volcan et le claquement des feuilles de « roseaux d'Inde » qui bordaient le sentier. La déflagration produite par l'éruption avait en effet provoqué un déplacement d'air considérable et Maman nous dit plus tard qu'en sortant de la salle de bains, elle avait vu tournoyer en l'air des branches d'arbres cassées par ce vent déchaîné.

Très rapidement, le nuage opaque vomi par le volcan s'était répandu au-dessus de nos têtes, laissant pleuvoir de la boue brûlante et des pierres incandescentes. Le feu prenait aux chaumes des cannes coupées, l'obscurité devenait de plus en plus profonde et menaçante et nous ne savions où diriger nos pas. Nous étions en effet arrivés devant un petit torrent qui, comme toutes les rivières à ce moment-là, débordait. Nous nous assîmes découragés, protégeant notre visage de la cendre et de la boue qui nous entraient dans le nez et dans les yeux. Une saute brusque de vent chassa le nuage mortel suspendu sur nos têtes et le rejeta sur Saint-Pierre, nous comprîmes que le salut était encore possible et nous nous relevâmes prêts à reprendre notre course. Nous vîmes alors apparaître le « commandeur » noir de Beauregard qui s'était joint au groupe formé par nos parents, Lily et Charlot et que ce dernier avait dépêché à notre recherche.

Il nous conduisit à l'Enfanton, une petite propriété située en balcon au-dessus de Saint-Pierre et d'où l'on pouvait voir brûler la ville. Spectacle horrible, en particulier pour Tante Amélie Marry et Tante Emilie qui pensaient l'une à son fils Gaston, l'autre à sa mère qui n'avaient pas, l'un et l'autre, voulu quitter la ville. Toutes deux pleuraient plus ou moins silencieusement pour ne pas troubler davantage deux fillettes, les petites Gauguin, qui, elles, voyaient disparaître dans la fournaise père, mère, frères, toute leur famille. Soudain, des cris affreux retentirent, Tante Rosette penchée au-dessus de la ville en flammes, s'était mise à hurler véritablement, secouée par une crise de nerfs comme jamais encore je n'en avais vu et même ne devais jamais en voir. Plus tard, quand je connus la légende de Niobé et les métaphores employées par les poètes pour exprimer la douleur de cette mère, c'est le visage convulsé de ma tante que je lui donnai ; mais pour l'instant, il nous apparut à tous qu'elle allait devenir folle. Mon Dieu ! Il ne manquait plus que cela à notre malheur, notre chère tante si maternelle, si tendrement aimée, allions-nous la perdre dans cette heure tragique ? La Providence vint à notre aide en imposant immédiatement à Tante Rosette l'exercice de la vertu qui était sa raison même de vivre : la charité. Dans un coin, épuisée sans doute par la course trop rapide, silencieusement, notre vieille Da s'était écroulée évanouie. Nous eûmes tous le même réflexe : appeler à l'aide Tante Rosette pour l'arracher au cauchemar où elle allait sombrer. Le résultat fut magique en effet : les yeux hagards, démesurément agrandis, se tournèrent vers Da Rosina, puis vers nos hôtes[1] ; légère elle bondit, réclamant de l'éther ou du vinaigre, une serviette mouillée et, en attendant, se mit à taper énergiquement dans les mains inertes.

Da ne tarda pas à revenir à elle et, dans notre joie hautement manifestée, Tante Rosette ne sut que plus tard la part qu'elle avait.

Le jour était revenu ; un jour blafard, éclairant un paysage moitié lunaire, celui que recouvrait l'épaisse cendre blanche, moitié infernal, celui d'une ville et de sa banlieue dévorées par les flammes ; nous sentions bien que personne n'avait pu y échapper, même ceux qui, au Quartier Monsieur, n'étaient séparés de nous que de trois ou quatre cents mètres, notamment cette charmante famille de La Roche à l'appel de

---

[1] Un professeur du lycée, M. Fabre et ses domestiques.

qui les Raoul Marry devaient le salut. Le salut ! était-il seulement assuré ? Pouvions-nous retourner à Beauregard, ne valait-il pas mieux gagner la côte et tâcher de fuir vers Fort-de-France avant qu'une nouvelle éruption plus étendue que la première ne vînt détruire Beauregard et le Carbet ? C'est à ce dernier avis qu'on se rangea. Mais avant de quitter l'Enfanton, où dans la mesure du possible, l'on s'était efforcé de nous venir en aide en nous donnant quelque vêtements pour remplacer ceux que la boue chaude et la cendre rendaient durs comme du plâtre, il fallait tâcher de récupérer à Beauregard quelques objets et, notamment, ce qui représenterait désormais notre unique fortune : nos bijoux. On les avait tous rassemblés dans un petit panier caraïbe qu'il serait facile d'emporter. Notre Oncle Raoul Marry et Charlot se chargèrent d'aller les chercher ; Madame Gouyé, dont chacun admirait le courage (la pauvre jeune femme pouvait craindre en effet que son mari, parti dès cinq heures du matin afin de prendre à Saint-Pierre le bateau pour Fort-de-France l'eût manqué) nous dit qu'il fallait aussi prendre le cheval et la voiture qui permettraient aux plus fatigués d'atteindre le Carbet. Dans les chemins que nous venions de parcourir en désordre, quelques cadavres montraient combien proche de nous avait été le danger ; ces malheureux partis en effet de plus près que nous du Quartier Monsieur, étaient tombés là, asphyxiés par les vapeurs mortelles de l'éruption et ne portaient presque pas de traces de brûlures.

A Beauregard même, mon frère et son oncle constatèrent que, si la maison était intacte, les bâtiments d'exploitation, l'étable, les cases à nègres avaient subi des dégâts considérables. Si nous étions restés dans la maison, nous n'aurions sans doute pas péri, mais nous aurions eu grand'peur, la fuite nous avait donné en somme la forte impression d'aider à notre salut. Grâce à Dieu, dans l'écurie située sur le plateau même de la maison, le cheval n'avait pas été tué ; on l'attela à la voiture, et ayant trouvé le précieux panier aux bijoux, Tonton Raoul et Charlot vinrent nous rejoindre à l'Enfanton. Dans la voiture, conduite par notre oncle, on fit monter Tante Rosette et Da Rosina, les deux enfants Gouyé et l'on se dirigea vers le Carbet. Je vois nettement encore ce triste convoi ; mes sœurs et Jeanne Decomis nu-pieds, à moitié couvertes par les robes déchirées qui avaient remplacé leurs chemises de nuit, mon père accroché à la voiture et soutenant ma mère, Lilie appuyée sur son mari, mon Oncle Joseph n'ayant plus qu'une jambe de « mauresque », l'autre ayant cédé aux ronces du chemin, les autres grandes personnes : Tante Amélie Marry, Tante Emilie Decomis, Madame Gouyé, courant de leur mieux, et enfin, au-devant de tous, mes cousins Marry, intéressés malgré tout par la terrible aventure et assez fiers peut-être d'y participer.

Au Carbet, il n'y avait plus une âme ; au moment de l'éruption la mer soulevée en un flot monstrueux avait envahi le village et la population avait fui vers les hauteurs. A Dariste, à Lajus, personne ; devant les dégâts du raz-de-marée, nous crûmes bon de chercher refuge sur les mornes. La montée, sous l'ardent soleil reparu, fut rude ; vers deux heures nous parvînmes à un vaste hangar ouvert, une étable à mulets, où s'était réfugiée la population du Carbet, cent cinquante personnes environ sous la garde du curé. De temps à autre, une détonation plus forte que les autres ébranlait le sol, la foule se jetait à genoux pour un nouvel acte de contrition, et le prêtre répandait sur elle une absolution collective. Vers quatre ou cinq heures, nous vîmes paraître venant de Saint-Pierre un navire de guerre, le stationnaire « Suchet ». Sans se concerter le moins du monde, la foule se dressa d'un bond et dévala vers la mer. Sur la plage tout à l'heure déserte, des cris furieux retentirent, des bras s'agitèrent, ainsi sans doute les naufragés sur une île déserte s'émeuvent-ils quand passe un navire.

On nous répondit du bord avec un porte-voix que le Suchet avait recueilli aux abords de la ville détruite beaucoup de blessés et de mourants qu'il était urgent de secourir. On nous promettait de nous envoyer le plus vite possible, des bateaux qui nous ramèneraient à Fort de France.

Patiemment nous attendîmes sur la plage, mais quand arrivèrent les trois unités de la Compagnie Girard : la Perle, le Rubis et la Topaze, et qu'il fallut se rendre à leur bord en canot, ce fut une ruée telle que les dames blanches comprirent qu'elles resteraient sur la plage ; mais quelques hommes de troupe, prudemment envoyés pour maintenir l'ordre, procédèrent à leur embarquement. Un dernier incident faillit nous priver de nos dernières ressources. Sur l'ordre des capitaines, il était interdit d'embarquer le moindre colis ; docilement notre

Oncle Joseph Marry déposa sur le sable de la grève le précieux panier caraïbe que, depuis le matin, il portait sous le bras. Tante Emilie Decomis, moins résignée que lui, appela un noir : « Voyez-vous, mon fils, ce panier que j'ai dû laisser sur la plage, si vous me l'apportez à bord, vous aurez cinquante francs. » – Bien, Madame ! » Une demi-heure après, il était entre les mains de notre tante qui ne le lâcha plus ; mais de toutes les poches de la famille, on n'avait pu extraire que dix ou vingt francs. Le noir s'en contenta et certainement il n'avait pas songé à entrouvrir le panier qui lui eût fait l'impression du trésor d'Ali Baba.

L'embarquement s'étant fait sans ordre, nous avions été dispersés sur les trois bateaux, mais recrus maintenant de fatigue, nous reposions couchés sur le pont plus ou moins propre, en attendant l'heure de débarquer.

La nuit était venue et nous avions quelque anxiété non seulement sur l'avenir, mais même sur la possibilité d'être réunis. Où trouver asile dans cette ville de Fort-de-France où nous ne connaissions presque personne ?

On accoste enfin ; et sur le triste troupeau qui quitte le Rubis, la Perle et la Topaze (tout l'écrin de la Cie Girard) se répandent les flots de lumière projetés par le Suchet. Soudain une voix s'élève, elle n'a pas l'accent créole : « Y a-t-il ici des membres des familles Dujon et Marry ? » C'est le capitaine Roy (le gendre du Docteur Guérin à qui la terrible épreuve d'il y a quatre jours n'a pas enlevé l'amour du prochain) qui a été dépêché à notre recherche. Nous nous rassemblons autour de lui comme des poussins autour de leur mère et nous le suivons. Une table bien garnie nous attend et nous faisons honneur au dîner, n'ayant pas mangé depuis 24 heures ; mais il faut se séparer : les Guérin ne pouvant loger que nos parents, Tonton Joseph, Tante Rosette et Andrée trouvent asile chez le Docteur Bouvier, et tous les autres dans la maison vide des Bougenot mise à notre disposition par leur représentant Monsieur Liotter.

Après une nuit réparatrice, quel délice que de se laver enfin. La magnifique salle de bains n'avait sans doute jamais connu de tels hôtes ; dans le bassin de marbre blanc c'est une vraie boue que nous laissons et Lily et Jeanne n'ont jamais fini de se laver les pieds. Nous revêtons les habits que la charité publique a mis à notre disposition, et nous nous préparons à retrouver nos parents chez le Docteur Bouvier. Là en effet doit avoir lieu notre ultime réunion et pour les « grandes personnes », peut-être même pour les enfants, va se dérouler la pire épreuve de ces cruelles journées : la séparation et le départ vers l'inconnu. Plusieurs d'entre nous en effet, n'admettent pas de rester un jour de plus dans cette île qui peut-être va sauter comme celle de Krakatoa dans une gigantesque éruption ; ce sont évidemment les deux peureuses du début, Tante Rosette et Lilie Charlot auxquelles se joignent maintenant Tante Emilie Decomis et Tante Amélie Marry. Cette dernière a des parents à la Trinidad, elle connaît l'hospitalité créole, elle décide que c'est aux Ferdinand de Verteuil qu'elle ira demander asile.

Ce projet fut d'autant plus facile à réaliser que les Trinidadiens furent les premiers à voler au secours de la Martinique. Sitôt connue la nouvelle du désastre, ils frétèrent un navire qu'on chargea de tout ce que la générosité des marchands ou des colons avait rassemblé : vêtements, souliers, tissus, conserves etc., et, dès le lendemain, le navire jeta l'ancre à Fort-de-France. Ici se place la plus typique et grotesque histoire de l'impéritie de nos dirigeants à moins que ce ne soit la réussite la plus accomplie de la ruse mulâtre. Quand les Trinidadiens se mirent à décharger leur cargaison, on vit surgir les douaniers : « Marchandises anglaises, dirent-ils, il faut acquitter les droits ! – Mais nous ne les vendons pas », dirent les chefs du convoi, quelques jeunes gens d'origine française, Lange et de Verteuil. – « D'accord, mais comme c'est anglais, nous ne pouvons les faire entrer sans que les droits soient acquittés. »

Indignés, les jeunes Trinidadiens leur crièrent qu'ils méritaient bien qu'on remportât toute la cargaison, mais qu'ils seraient secourus malgré eux et, sans plus de discours, débarquèrent sur le quai le contenu du navire. Evidemment l'on n'attendait que cela : l'occasion d'un libre pillage, au lieu d'une correcte et juste répartition et en un clin d'œil tout fut enlevé par la population noire. Ce n'est que deux jours plus tard que mes parents, embarqués sur ce bateau, connurent cette pénible histoire. Tante Amélie avait décidé en effet Tante Emilie à se rendre à la Trinidad avec ses deux filles et son gendre.

Nos parents reçurent à Port d'Espagne le plus cordial accueil, non seulement les Raoul Marry chez leurs cousins de

Verteuil et leurs amis Seheult, mais même les Decomis et Dujon chez d'autres habitants de l'île. C'est par exemple chez les d'Abadie, dans une belle maison de Frederick Street, qu'ils furent logés en arrivant et nul alors n'aurait pu prévoir le lien qui unirait cette famille à la nôtre quand, devenu veuf, notre oncle Joseph Marry épouserait Lucie d'Abadie, veuve elle-même de Georges Fitt qu'elle venait sans doute d'épouser à ce moment-là. Le jour même qui vit partir le convoi trinidadien, une occasion pour Sainte-Lucie se présenta dont Tante Rosette voulut profiter immédiatement espérant de là, gagner la Guadeloupe, puis la France, ce qui d'ailleurs fut réalisé.

La question qui se posait le plus cruellement pour nous concernait Andrée. Allait-elle suivre le sort de son oncle et de sa tante ou le nôtre et rester avec nous à Sainte-Marie où nous appelait Juana ? Ruiné, aveugle, mon père comptait qu'il ne pouvait imposer, même momentanément, à sa fille aînée une trop lourde charge ; son frère était encore jeune, il avait en mains un métier sûr : la médecine et la chirurgie, il fallait lui abandonner Andrée, quitte à ne plus la revoir. Ce fut bien douloureux et sans doute date pour moi de ce moment, une conception pessimiste de la vie, quelque chose d'assez comparable à la crainte du « fatum » antique toujours prêt à accabler la pauvre humanité. Il serait évidemment ridicule de dire que ma jeunesse, ou même seulement mon enfance, prit fin en cette triste journée ; mais quelque chose était désormais banni de mon cœur : l'insouciance ou l'optimisme envers les circonstances.

Nous fûmes les premiers à quitter Fort-de-France, une voiture envoyée de Bassignac pour ramener les Maurice La Rougery, qui hélas ! n'avaient pu quitter à temps Saint-Pierre, devait nous conduire dans l'après-midi chez notre oncle et notre tante de La Garrigue. Nous arrivâmes à Bassignac à la tombée de la nuit, mon père, ma mère, Lily et moi.

Accueillis avec une tendre affection, comme si nous revenions d'outre-tombe et c'était en effet un peu cela, nous dûmes répondre aux inlassables questions de la pauvre Tante Adeline qui ne comprenait que peu à peu l'étendue du cataclysme. « Et un tel ? A-t-il disparu ? Et une telle ? – Oui, Tante Adeline, un tel est mort, une telle est morte, tous tes amis, toute une ville. » Et la longue litanie, ponctuée de cris douloureux, se déroulait, quand soudain Tante Adeline pensa à la ville elle-même : « Mais alors, ma maison, mes immeubles (car elle en possédait plusieurs), tout a brûlé ? – Hélas, oui, Tante Adeline ; comme la Rivière Blanche, comme sans doute la Grand'Case et le Marry ; nous sommes tous ruinés, toi aussi, malheureusement ! » A ce moment pénible, Tante Adeline, si attachée pourtant à ses affaires, à cet intérieur qu'elle avait orné amoureusement et qu'elle trouvait beau, se montra grande : elle eut un geste de la main qui pouvait se traduire par : « Alea jacta est ! ou : Mon Dieu vous l'avez voulu ! » et ne posa plus de questions. Elle nous embrassa tendrement et nous convia à nous restaurer et à nous reposer.

Dès le lendemain, Juana accourut à Bassignac, elle apportait des vêtements pour toute la famille, ceux de Roger pour Papa qui était de la même taille que son mari, des robes prises à la garde-robe de Rachel, plus jeune que moi de trois ans et demi, mais tellement grande déjà que je pouvais, sans être trop ridicule, les porter. J'avais des souliers, c'était une chance extraordinaire, car ceux de Rachel ou d'Adeline Lafitte, la filleule adoptée par Tante Adeline, n'auraient pu me convenir. La visite de Juana, la cordialité de Roger qui insistait beaucoup pour que nous venions à Sainte-Marie, compensèrent pour nous un nouveau chagrin : le départ de Lily pour la Guadeloupe. En arrivant en effet à Bassignac, nous vîmes les Louis La Rougery très émus l'un et l'autre par la disparition à Saint-Pierre de toute leur famille. A un chagrin bien naturel, s'ajoutait, pour Edith, une véritable terreur du volcan ; nos récits ne firent que la renforcer, elle devint si nerveuse que son mari décida de l'envoyer pour un temps à la Guadeloupe ; précisément un petit voilier allait partir le lendemain pour La Pointe-à-Pitre et il serait facile d'y trouver place. Papa, soucieux de la charge que sa famille allait apporter, soit à son beau-frère Gaston de La Garrigue, soit à son gendre Roger Despointes, eut immédiatement l'idée d'envoyer Lily à son parrain Emmanuel Le Dentu. Ma sœur, très liée depuis l'enfance avec sa cousine et sœur de lait Lilotte, accepta avec joie ce projet ainsi du reste que l'obligation de reprendre rapidement ses études à la Basse-Terre, pour le cas probable où il lui faudrait gagner sa vie. De tout ce que nous avions possédé, il ne restait à mon père qu'une pièce de cinq francs demeurée on ne sait comment dans la poche de son pyjama le jour de l'éruption ; il la tendit à sa fille, très émue de ce geste et qui conserva longtemps sans oser la dépenser cette dernière « gourde » donnée par son père. Le départ de Lily pour la Guadeloupe inaugura la longue série de séjours annuels que nous fîmes ensuite chez notre Oncle Emmanuel, notre délicieux « Tonton Noche » et je dirai de mon mieux le charme de l'accueil reçu à la *Joséphine* et les souvenirs inoubliables accumulés en dix ans ᐟ de 1902 à 1912, date de notre départ pour l'Europe.

Lily partie, je me trouvai seule à Bassignac avec Adeline, la petite Sainte-Lucienne adoptée par Tante Adeline, après tous les échecs subis par elle de notre côté. Liline était une belle et sage fillette, plus jeune que moi de deux ans et demi ; en tout autre temps, je me serais ingéniée à la débrouiller, à l'entraîner dans des aventures, maintenant j'avais compris que mon devoir était d'ennuyer le moins possible Tante Adeline et de rendre ma présence, sinon agréable, du moins acceptable. Mon seul plaisir était les bains dans le clair ruisseau qui, non loin de la maison, filait sous les bambous ; Maman, clandestinement, y lavait parfois mon linge ou le sien, car nous n'en avions pas assez pour l'envoyer longtemps chez la blanchisseuse.

Chère Maman ! Silencieusement, passivement courageuse, elle allait peu à peu se laisser gagner par la peur, elle aussi. Les raisons d'ailleurs ne lui manquèrent pas ; les éruptions se poursuivirent durant toute cette année 1902, plus effrayantes les unes que les autres, mais qui trouvaient moins d'aliment à leur furie, du fait de la destruction de Saint-Pierre.

Le 17 mai, vers deux heures de l'après-midi, une pluie de cendres, d'une densité telle que le jour en fut totalement obscurci, couvrit la côte orientale de l'île. Cette fois, c'était le sort d'Herculanum et de Pompéi que nous attendions, réunis autour du lit de Tante Adeline, dans la maison strictement fermée, pour ne pas laisser pénétrer la cendre. Le chapelet à la main, nous épuisions les « Ave Maria » dans un silence solennel de toute la nature : à l'écurie proche, les chevaux ne piaffaient même plus, et bien entendu l'usine ne retentissait plus d'aucun bruit familier.

Au bout d'une heure ou deux, le jour peu à peu reparut et nous nous risquâmes à ouvrir les fenêtres. Une épaisse couche, comparable à celle qui revêt dans les Alpes, en hiver, les chalets enneigés, couvrait tout le paysage. Elle s'étalait jusque dans la véranda, emprisonnant les chaises et les fauteuils qui y demeuraient habituellement, c'est par tombereaux qu'on l'emporta et ce nettoyage occupa le reste de la journée.

Encore une fois, nous remerciâmes Dieu de nous avoir préservés, mais quelques jours après, le 26 mai, nous crûmes notre sort remis en question. Nous avions quitté Bassignac ; mais sensible à la crainte manifestée par Maman d'un mouvement subit de la mer, Roger n'avait pas voulu nous faire venir à Sainte-Marie ; il avait installé sa famille à Virmont, petite propriété située sur les collines qui s'étagent entre la Trinité et Sainte-Marie. La vue splendide s'étendait sur toute la presqu'île de la Caravelle et la baie de la Trinité, mais la maison toute petite et en mauvais état manquait de confort. On nous fit pourtant large place et je garde de ce séjour où se noua entre les beaux-enfants de Juana et moi une tendre et robuste affection, le meilleur souvenir. Ils étaient tous plus jeunes que moi et combien plus civilisés : Raymond, sage petit bonhomme de dix ans, solide cavalier qui accompagnait gravement sa belle-mère de vingt ans dans de folles galopades entre Sainte-Marie et Virmont, Rachel, plus raisonnable encore, ne connaissant guère que les joies tranquilles d'une innombrable postérité de poupées, Marcel enfin, toujours vêtu de blanc (par suite d'un vœu de sa mère à une grave maladie) et toujours sale naturellement, sensible et zézayant, supportant mal les taquineries de son frère aîné ; tous, même Thérèse qui demeura confiée à nos tantes du Robert[1], Aline de Thoré et Louis de Catalogne, devaient tenir dans ma vie une grande place : la place fraternelle laissée trop vide par le départ de mes frères pour l'Indochine, et celui d'Andrée pour la Trinidad. Du premier coup, moi qui n'aimais guère les plus petits, les filles surtout, je me sentis à l'aise avec eux ; il est vrai que Roger avait su toucher aussi mon cœur en me confiant le soin de « garçonniser ses garçons » et je ne faillis pas à la tâche, surtout durant ces quelques semaines (deux mois peut-être) passées à Virmont. Cette nuit du 26 mai, je fus réveillée par des détonations et connaissant leur origine, je fus vite debout et

---

[1] [Le Robert est un lieu-dit situé sur la côte orientale de la Martinique.]

habillée. De vives lueurs zébraient l'obscurité et l'on pouvait même, en grimpant sur le premier morne qui surgissait à droite de la maison, voir sortir du volcan des flammes énormes et parfois de vrais globes de feu. C'étaient sans doute ces bombes volcaniques qui devaient plus tard encombrer la vallée de la Rivière Blanche et étonner jusqu'à présent par leur taille les visiteurs et même les savants.

Je suivis les grandes personnes sur cet observatoire et j'entendis Roger dire à sa femme : « Réveille tout de même les enfants et chausse-les, c'est peut-être plus prudent ! » J'aidai ma sœur dans cette tâche, consciente de ma supériorité, car je connaissais le danger et n'en soufflais mot. Nous n'eûmes pas à bouger ; la poussée volcanique se ralentit peu à peu et l'on recoucha les petits qui ne comprenaient rien à ce réveil intempestif.

Les jours passaient ainsi dans un calme relatif, sauf pour Maman toujours soucieuse du raz-de-marée. C'est à Virmont que nous eûmes une curieuse émotion provoquée par notre petit singe de la Grand'Case, Jack, à qui, en partant de chez eux, mes parents avaient rendu la liberté pour qu'il pût plus facilement trouver sa nourriture, mais que, selon toute vraisemblance, nous ne devions jamais revoir.

En juin ou juillet, Roger Despointes sachant que l'éruption du 8 mai n'avait pas atteint la Grand'Case (le phénomène s'étant arrêté avant le bourg du Prêcheur) avait pensé avec justesse qu'on pouvait encore enlever de la maison les meubles et sauver peut-être un peu de bétail. Il chargea son maître charpentier Amélius de faire ce déménagement qui devait s'opérer par mer, le Prêcheur, accessible seulement du côté de Saint-Pierre, étant désormais coupé du reste de l'île. Evidemment, les pauvres noirs à qui l'on demandait de se rendre dans cette zone dévastée ou isolée se mouraient de peur et n'avaient qu'une idée : fuir au plus vite le monstre qu'on entendait gronder et qui crachait des torrents de fumée. Cette frayeur, bien compréhensible, explique l'incohérence qu'ils montrèrent dans le choix qu'ils firent des meubles ; mais si peu judicieux qu'il fût, il nous rendit quelques chers souvenirs et contribua grandement un an après à notre modeste installation à Fourniols.

Quand ils débarquèrent à la Grand'Case, les envoyés de Roger eurent une grande surprise : deux chiens et un singe coururent à leur approche mais alors que les premiers refusèrent de se laisser embarquer, le singe dès la première minute se blottit dans leurs bras avec la volonté évidemment manifestée de ne pas se laisser oublier. Ayant achevé ou cru achever le déménagement, Amélius le charpentier fit mettre à la voile et regagna Sainte-Marie où il entreposa les meubles et remit le bétail aux gardiens désignés par Roger, puis il vint à Virmont rendre compte de sa mission. Mon père selon sa coutume se promenait le long de sa « ficelle » devant la maison. Du plus loin qu'il vit et reconnut cette silhouette familière, Jack bondit et, avec l'agilité propre aux singes, franchit la distance qui le séparait de mon père. Agité d'une émotion extraordinaire, à laquelle vraiment il ne manquait que des mots humains, entourant de ses bras grêles le cou de mon père, frottant contre sa joue un visage inondé de larmes, notre petit macaque communiqua à mon père son émotion. Papa riait pour la cacher, mais il finit par dire : « On croirait, ma parole, que je retrouve un enfant ! » Jack se tourna ensuite vers Maman et vers moi et nous le prîmes aussi dans nos bras, mais sa vraie joie avait été pour mon père qu'il adorait et qui, sans doute, lui avait beaucoup manqué.

Malheureusement nous ne pûmes le garder à Virmont. Le beau-frère de Roger, Joseph de Wouves qui nous visitait souvent, ayant manifesté sa répugnance extrême à se trouver en sa présence (il avait été cruellement mordu par un singe qui avait emporté la moitié de sa lèvre inférieure), nous dûmes nous séparer de Jack. Un cousin de Roger, Léonce Dupont voulut bien s'en charger et nous le savions choyé par son nouveau maître ; malheureusement dans le cyclone qui, un an après, ravagea la Martinique, il disparut sans laisser de traces. Pauvre petit Jack, c'était le dernier lien vivant qui nous rattachait à la Grand'Case. Désormais notre vie allait s'écouler sur cette côte orientale de l'île qui jusqu'ici nous était étrangère.

Nous regagnâmes en juillet Sainte-Marie, Roger trouvant assez fatigantes ces allées et venues entre son usine et Virmont, le manque de confort aussi lui coûtait et, ma foi, on pouvait espérer que le volcan se calmerait peu à peu.

A la fin de juillet, une nouvelle éruption nocturne étendit sur nos têtes un si magnifique spectacle : de mouvantes fleurs de feu sur un sombre nuage, que personne n'eut peur, pas même maman. Elle avait oublié aussi la crainte de la mer et nous accompagnait bien souvent à l'îlet où nous prenions des bains mouvementés dans une mer perpétuellement agitée.

A la fin d'août, le 30 au soir, une nouvelle et terrible éruption vint nous rendre la crainte. Toujours dans la direction de Saint-Pierre mais sur une étendue bien plus considérable que la première fois, le volcan avait déversé sur le Prêcheur, le Morne Rouge, et jusqu'à l'Ajoupa Bouillon, des torrents de feu et de boue chaude. Cette fois la Grand'Case était ravagée et nous n'avions qu'à remercier Roger d'avoir pensé à déménager la maison.

Cette nuit du 30 août, j'eus très peur, si l'on appelle peur le tremblement extraordinaire qui me secouait des pieds à la tête. Je voyais cependant à l'attitude de Roger qui ne songeait pas à réveiller ses enfants que le danger n'était pas proche, et je ne songeais pas à fuir, mais peut-être est-ce justement mon inaction qui laissait mon corps libre de protester à sa guise. Dès le lendemain, on sut que de nombreuses victimes avaient péri et bien des gens, jusque là impavides, prirent peur et décidèrent de quitter le pays, au moins pour un temps.

Grâce à la générosité du monde entier pour notre pauvre île, il s'était constitué un Comité de Secours aux Sinistrés du Mont Pelé et en attendant de dispenser des indemnités régulières, on accordait à qui voulait un passage pour la France. C'est ainsi que purent partir de la Trinidad Charlot et Lilie, plus tard Tante Emilie et Jeanne à ce moment recueillies à la Guadeloupe par l'Oncle Emmanuel Le Dentu. Mais à côté de ces vrais victimes du volcan, que de Martiniquais blancs comme noirs, plus ou moins effrayés, se firent payer un voyage en Europe par le Comité de Secours !

Pour nous, nous ne songions aucunement à quitter notre pays, l'aurions-nous voulu que la cécité de mon père nous aurait retenus. Que serait-il devenu en France, le malheureux enfermé dans une petite chambre de Paris, alors que le libre espace de nos maisons coloniales, de nos jardins, semblait étroit à son besoin dévorant de mouvement, de marche. A Sainte-Marie, Roger avait fait tendre immédiatement dans la longue galerie ouverte un cordonnet et mon père avait retrouvé les proportions de sa promenade de la Grand'Case.

L'année 1902 devait s'achever moins tristement qu'elle n'avait commencé. Notre Oncle Emmanuel Le Dentu, apprenant la nouvelle éruption qui avait éprouvé la Martinique (on avait reçu des cendres jusqu'à la *Joséphine* et pendant un moment les Guadeloupéens purent croire qu'elles venaient de leur Soufrière), craignant pour Maman et pour moi ces émotions répétées, eut la généreuse idée de nous inviter à passer chez lui la fin des vacances. Nous partîmes le plus vite possible, mes parents et moi, et nous débarquâmes à la Basse-Terre après une nuit de voyage sur le pont d'un intercolonial anglais : « l'Esk », si j'ai bonne mémoire.

CHAPITRE XIII

« LE VERT PARADIS DES AMOURS ENFANTINES »

Il s'ouvrit pour moi dès le premier pas que je fis à Basse-Terre où Tonton Noche était venu au-devant de nous. L'étreinte affectueuse qu'il donna à mon père, à ma mère, à Tante Adeline de La Garrigue qui nous accompagnait, l'attention gentille qu'il me témoigna, me conquirent tout de suite ; je n'avais certes pas oublié l'indulgence qu'au Fonds Coré il avait toujours montrée pour la turbulence de Maurice et la mienne, mais je n'avais jamais vraiment observé mon oncle et la connaissance que j'eus de lui, et qui se développa pendant dix ans, ne date vraiment que de 1902.

La propriété des Le Dentu se trouve dans la partie la plus boisée et peut-être la plus agréable de la Guadeloupe : à 600 mètres d'altitude, elle jouit d'un climat qui, pour être très humide, n'en demeure pas moins délicieux, le thermomètre ne dépassant jamais 26 ou 27° à l'ombre et descendant quelquefois la nuit, en décembre ou janvier, jusqu'à 12°. Pour y atteindre, la route venant de Basse-Terre grimpe entre les mornes pendant sept bons kilomètres ; bordée, à droite et à gauche, par des habitations, « caféières » pour la plupart, c'est-à-dire nécessitant l'abri de grands arbres tels que l'acajou, elle est donc encadrée par une splendide végétation. Il peut sembler étrange de parler ici de l'influence de l'altitude, pourtant tous ceux qui connaissent les Antilles savent qu'une différence de niveau de quatre à cinq cents mètres entraîne déjà un changement considérable de végétation ; on s'en rend bien compte en allant de Basse-Terre au Matouba. Quand commencent à paraître les parasols de dentelle des fougères arborescentes, on sent bien qu'on entre dans le royaume de la fraîcheur et de l'humidité. Les vallées deviennent d'ailleurs de plus en plus profondes et, sur certains ponts, on a l'impression de plonger dans de vrais gouffres de verdure.

C'est, par exemple, sur le pont de Nozières, un peu après le village de Saint-Claude, qu'en ce jour de septembre 1902, j'eus, pour la première fois, la révélation de la nature tropicale, de son exubérance. A vrai dire, je connaissais peu l'aspect forestier primitif de nos îles ; trop petite pour avoir fait l'excursion de la Montagne Pelée, alors qu'elle était encore couverte de « grands bois », comme on dit chez nous, n'ayant parcouru qu'une seule fois en voiture la route boisée de la Trace, je ne connaissais guère que le climat sec et assez peu fertile de la Rivière Blanche. Ce fut donc un vrai ravissement que j'éprouvai quand je découvris la végétation du Matouba ; toutes les images créées ou déposées en moi par le Robinson Suisse ou Paul et Virginie se levèrent à la fois, rendues vivantes sous ce pont de Nozières. Mille essences inconnues combattaient là pour une place au soleil ou à l'ombre, mêlée silencieuse, et féroce sans doute, d'où émergeaient les plus forts : les acomas géants, mais où personne ne s'avouait vaincu, en tout cas pas les plus souples : les lianes qui, d'un tronc à l'autre, jetaient leurs agrès fleuris.

Sous prétexte de faire souffler les chevaux, mais peut-être pour me permettre d'admirer ce spectacle nouveau, Tonton Noche arrêta un moment la voiture. A cette époque, pas une auto, bien entendu, ne circulait à la Guadeloupe, et l'on ne possédait que deux ou trois types de voitures américaines, une sorte de victoria à trois places où, sur un strapontin, le cocher devait s'insinuer entre les occupants, et la « grande voiture » où les voyageurs se faisaient vis-à-vis, ceux de devant tournant le dos au cocher. Tonton possédait naturellement une grande voiture mais combien elle était insuffisante aux besoins de la famille en vacances ! Car cette *Joséphine* était le lieu le plus élastiquement hospitalier des Antilles. Entouré de sa femme, de se belle-mère, de sa belle-sœur (Madame et Mademoiselle de Lalung), de ses deux filles Clélia et Louise, ou plus familièrement Clo et Lilotte, de son second fils, Maurice (l'aîné René faisant ses études à Paris sous l'égide de son Oncle Auguste, chirurgien déjà célèbre à ce moment-là), Tonton Noche ne trouvait jamais sa maison assez pleine. Jusqu'en 1902, il avait eu coutume chaque année d'y inviter ses nombreux neveux Dormoy avec leur mère, la charmante, l'inoubliable Tante Annette, mais à partir de 1902, il prit l'habitude de nous appeler aussi de la Martinique, sans renoncer pour cela à ses habituelles invitations ; c'est donc chez lui que nous connûmes les enfants et les petits-enfants de sa sœur, lesquels constituent maintenant, tant en France qu'à la Guadeloupe, une véritable tribu. A cette époque, figuraient parmi les hôtes attitrés de la *Joséphine* outre Tante Annette : son fils Georges, sa belle-fille Alice et trois ou quatre enfants (les premiers d'une série de treize), sa fille Clélie, son gendre René Montoux et un enfant, son fils Paul, encore célibataire, mais fiancé à Madeleine Montoux et enfin deux autres filles : Marie qui devait épouser son cousin Le Dentu et Annette, la future madame Jean Le Boucher. Les autres enfants Dormoy : Renée, madame Amédée Léger (dont le fils, Alexis, était appelé à jouer un rôle important dans la politique française[1]), Emilio, Abel et Jules étaient établis en France, en Egypte et à Madagascar, et nous ne les connûmes que dix ans après quand nous vînmes en Europe.

Avec les Dormoy, deux jeunes gens et leur sœur : Guy, Louis et Inès de Meynard étaient invités de fondation et nous savions fort bien que de tendres liens encore officieux, mais solides, unissaient l'aîné Guy à notre grande cousine Clo : fiançailles précoces et particulièrement longues qui n'eurent leur couronnement qu'en 1908. Le frère et la sœur du fiancé, Louis et Inès de Meynard étaient considérés comme faisant aussi partie de la famille et durant les vacances y trouvaient toujours place.

Autour de ce centre familial qui, en 1903 par exemple, comporta trente-deux personnes, qu'on imagine le cercle des amis, voisins et connaissances qu'attirait l'atmosphère la plus sympathique, la plus gaie et chaude qu'on puisse rêver. Si l'oncle Emmanuel, malgré de fréquentes crises de goutte qui le clouaient pour un temps sur son lit ou dans un fauteuil, demeurait le boute-en-train, l'animateur charmant de ces assemblées où les âges se confondaient pour la grande joie des jeunes, notre Tante Henriette avait sa part aussi dans cette réussite constante ; c'était celle d'une maîtresse de maison pleine d'abnégation qui ne songe qu'au plaisir des autres. Très distraite comme Maman, sa cousine, et comme elle un peu sourde, Tante Henriette commettait souvent des oublis ou tissait, sans s'en douter, des imbroglios invraisemblables, mais

---

[1] [Il s'agit d'Alexis Léger, alias Saint-John Perse, secrétaire général du quai d'Orsay entre 1933 et 1940.]

elle supportait moins bien que notre mère les taquineries qu'on lui faisait. Bonne et indulgente, sous des dehors un peu rudes, elle avait fort à faire pour « encaisser » les coups pendables de Maurice, garçonnet de dix ans à peine, mais si pressé d'atteindre l'âge d'homme qu'il s'attribuait des initiatives dont une assez grande partie tournait mal. Faute de partenaire de son âge, Maurice recherchait la compagnie des jeunes gens, les harcelait de questions, fort pertinentes d'ailleurs, mais souvent embarrassantes, et se faisait très souvent pourchasser avec exaspération. Mon arrivée devait le rendre, au moins pour un temps, aux jeux de son âge, car j'étais, moins que lui, attachée aux pas des grandes personnes et il y avait tant de merveilles à découvrir dans ce royaume nouveau pour moi, que le rôle de cicérone pouvait retenir assez longtemps mon cousin hors de la maison.

« L'habitation caféière », bien plus que n'importe quelle autre exploitation agricole, peut présenter l'aspect d'un parc ; soit que, tous fleuris en même temps, les caféiers alignés en rangs serrés offrent au visiteur une nappe embaumée de blanches étoiles, soit que, couverts de baies rouges, ils donnent l'illusion de cerisiers nains, c'est toujours un enchantement que de circuler à l'ombre éternelle des grands arbres qui les protègent à la fois du vent et du soleil trop ardent.

Au Marry et à la Grand'Case, j'avais bien connu et goûté le mystère qui règne dans les profondes ravines de cacaoyers, mais rien n'était comparable au charme de la *Joséphine*. Sans doute, étais-je sensible à l'effort réalisé ici par le père et le grand-père de Tonton Noche pour créer de la beauté, effort assez rare autrefois chez les colons peu soucieux du cadre qui les entourait, alors que disposant d'une main d'œuvre servile considérable, ils eussent pu utiliser les débordantes ressources d'une végétation prodigieuse.

La maison elle-même n'avait rien de particulièrement gracieux. Bâtie sur le type colonial assez bas et trapu qui offre le moins de prise aux cyclones, elle comportait huit pièces au rez-de-chaussée et deux petites chambres mansardées sous le toit. Suffisante pour une famille ordinaire, elle ne pouvait, bien entendu, contenir la tribu réunie aux vacances et l'hospitalité de notre oncle eût été bien plus restreinte, s'il n'avait eu l'idée de transformer en dortoirs pour les jeunes les boucans[1] ou séchoirs à café ; à ce moment, en effet, les grands hangars n'étaient pas encore remplis de sacs ou de blonds monticules de café et l'on pouvait y aligner, non pas des lits, il n'y en aurait pas eu assez, mais des paillasses de maïs sur lesquelles on mettait des matelas, divans rustiques, ma foi, fort confortables. Il y avait donc le boucan des garçons et le boucan des filles ; mais généralement Tonton Noche et Tante Henriette abandonnaient leur chambre à un hôte d'âge ou de marque et venaient présider l'un, notre dortoir, l'autre, celui des jeunes gens. Pour armoire, nous n'avions chacune que notre « panier caraïbe » et une unique glace reflétait successivement le visage des coquettes en train de se coiffer ou de se poudrer ; à cette époque aucun fard ne rehaussait le teint des dames « comme il faut » et même nos cousines, Adèle et Eugénie Marry (invitées elles aussi à la *Joséphine*, chaque année à partir de 1905), les plus attachées d'entre nous aux soins de leur personne et de leur toilette, n'auraient imaginé de se mettre du rouge aux lèvres et du rose aux joues. Cette installation rudimentaire valait mieux certes que tous les campings modernes et nous avions bien l'impression d'être en plein air quand, tous les larges vantaux ouverts, nous nous réveillions au milieu des fleurs, le grand boucan, ou boucan des dames, étant bâti dans un coin du jardin.

Car si la maison n'était pas précisément belle on peut dire qu'elle était joliment encadrée. Le chemin pavé qui y conduisait était sur deux ou trois kilomètres bordé de caféiers, mais aussi de palmiers et de sveltes fougères. Il contournait la haute clôture d'un petit parc, longeait les bâtiments du moulin et du boucan des messieurs et débouchait dans une cour rectangulaire bordée à droite et à gauche de beaux cycas et d'une charmille de pommiers roses[2]. A gauche de la maison, surélevée de quelques marches, et au même niveau qu'elle, s'étendait la large terrasse carrelée qui servait au séchage du café dans la journée, mais que le soir livrait à nos jeux et à nos causeries sous les étoiles ou au clair de lune. A droite, la

---

[1] Du mot caraïbe qui signifie : sécher à la fumée.
[2] Lesquels n'ont rien à voir avec les pommiers d'Europe ; ce sont des myrtacées.

verdure de quelques arbres dissimulait assez bien les communs. Par derrière, enfin, et sur toute la longueur de la maison et des communs, on trouvait la clôture du jardin toute ruisselante de roses blanches. C'était sur ce jardin et sur ce parc que les créateurs de la propriété avaient, dans la mesure de leurs moyens, donné libre cours à leur goût de la décoration végétale.

 Le sentiment qui les avait guidés était très touchant car il dénotait l'amour de la grande patrie française ; c'était surtout des espèces européennes qu'ils avaient voulu acclimater : des pins, deux beaux thuyas, un chêne voisinaient avec des arbres purement tropicaux et, dans un coin abrité, un pêcher, que malheureusement nul ne taillait, montrait au mois d'août ses adorables fruits veloutés, si ravissants et si roses qu'ils n'arrivaient jamais à maturité, les enfants étant toujours trop avides de manger ces fruits d'Europe que la *Joséphine* était sans doute seule à posséder. Les fraises avaient plus de chance (si c'en est une que de n'être pas mangé avant l'heure), il y en avait tant que nous ne pouvions pas les absorber toutes avant leur maturité. A côté de ces raretés, que de savoureux fruits tropicaux ! Rares eux aussi d'ailleurs car la sélection avait décidément joué un grand rôle dans la création de ce jardin à la fois verger et potager. Du plateau où s'étendait la maison avec ses dépendances, il rejoignait par quatre plans successifs les cultures qui dévalaient tout autour vers d'autres propriétés. De la terrasse supérieure, on découvrait au-delà du déferlement de la verdure, l'étendue sans fin de la mer Caraïbe qui, à cette distance, semblait immobile. Ces terrasses étaient coupées d'allées bordées de magnifiques azalées de pleine terre et l'on apercevait, en contrebas, un enclos particulièrement fleuri, au centre duquel surgissait une très grande croix de fer forgé qu'enlaçait un rosier blanc. Les hautes grilles de fer disparaissaient aussi sous les roses.

 C'était là le cimetière de famille, là que dormaient les parents et grands-parents de notre oncle et, parmi eux, sa première femme, Tante Lily, la sœur de Maman. J'eus une émotion si douce en découvrant ce cimetière et cette tombe que je fis jurer à Maurice, futur maître probable de la propriété, de me réserver une place dans ce jardin secret où les morts semblaient devoir jouir encore sensuellement des parfums répandus par ces milliers de roses et de fleurs de jasmin. Il jura ; mais, bien loin maintenant de la Guadeloupe et n'ayant plus sur la *Joséphine* le moindre droit, il a certainement oublié sa promesse d'enfant, alors que jusqu'à présent l'image de ce cimetière solitaire me hante comme celle d'un bien qui m'aura été refusé. En 1902, mes onze ans passaient vite du « sévère au plaisant » et plus encore que le futur lieu de ma sépulture, je goûtais les beautés des rivières guadeloupéennes. On m'apprit que le nom caraïbe du pays signifiait « l'île aux belles eaux » et j'en approuvai toute la justesse. Moins déboisée que la Martinique, la Guadeloupe a conservé dans leur intégrité les clairs torrents venus du massif montagneux qui fait au pays comme une épine dorsale. Ils gagnent l'Océan plus ou moins rapidement, suivant la nature du terrain, quelques-uns sautant par bonds en d'éblouissantes cascades.

Les amateurs de bains et de parties de rivières ont eu vite fait de repérer les bassins naturels et les ont baptisés de noms qui ont été consacrés par l'usage ; cependant, avec les débordements de l'hivernage qui changent parfois le lit des rivières, il peut s'en créer d'autres qui donnent à quelqu'un le plaisir de la découverte ; c'est ainsi qu'en 1902, les Le Dentu pouvaient faire à leurs invités les honneurs du « Bassin Guy » inauguré par le fiancé de Clo, Guy de Meynard.

On accède à ces bassins de rivière uniquement par les sentiers que fraient les baigneurs, et la végétation est toujours prête à reprendre ses droits ; contre les lianes qui d'un arbre à l'autre entrelacent leurs rameaux, il est bon de se munir d'un coutelas, mais jamais par exemple, on n'aura à redouter la détente du ressort bandé que constitue le serpent et c'est là encore un des charmes de la Guadeloupe : les bois y sont sans danger. Nous le savions bien, Maurice et moi, qui jouions volontiers le rôle d'éclaireurs, quand toute la bande joséphinoise allait au bain et c'était souvent, car il n'y avait pas de piscine sur la propriété, bien que l'eau y fût assez abondante pour faire marcher le moulin ; sans doute monsieur Charles Le Dentu avait-il jugé que rien ne valait les piscines naturelles qu'offraient la Rivière Rouge et la Rivière Noire : les bassins de Bougerel, Marie-Louise, Guy et le plus beau de tous, le « Saut-d'eau » où, à côté d'une splendide cascade, s'arron-

111

dissait, sous une voûte de noir basalte, un merveilleux bassin bleu.

Pour celui-là, cependant, l'interdiction était formelle ; un tourbillon invisible attirait au fond et ne rejetait que noyé le baigneur imprudent qui s'y risquait. L'exemple, sans cesse cité dans la famille, de Georges Dormoy[1] qui avait, par miracle, échappé à l'étreinte de l'ondine, retenait les plus hardis et l'on se contentait de se baigner dans l'inoffensif courant qui, après le bassin, poursuivait sa route vers la mer.

Le bain occupait presque toute la matinée (quand il n'empiétait pas sur l'après-midi, à la faveur d'un déjeuner pris dans l'eau suivant nos coutumes créoles) ; après le déjeuner c'est dans le parc qu'on se réunissait ; là les enfants retrouvaient leurs jeux : balançoire, agrès de gymnastique ou tout ce que peut créer leur imagination. Celle de Maurice et la mienne se complétaient heureusement et jamais entente plus parfaite n'a régné entre cousins. Quelquefois, juchés dans l'énorme manguier aux branches basses qui supportaient cinq ou six hamacs, nous écoutions les conversations des jeunes gens et des « grandes personnes ». Leur sieste ne comportait guère de vrai sommeil et d'un hamac à l'autre s'échangeaient mille taquineries ou plaisanteries dont nous faisions notre profit, découvrant peu à peu de secrètes ententes, parfois des dépits, faisant en un mot l'apprentissage de la vie. Vers trois ou quatre heures, quelqu'un donnait le signal du départ, les dames et jeunes filles allaient s'habiller, c'est-à-dire échanger contre des vêtements pris à la taille et soutenus par un corset, les flottantes « gaulles » que, depuis le matin au réveil, elles avaient conservées ; un rapide goûter nous réunissait tous, après quoi, par équipes, on jouait à un jeu quelconque, boules, tennis, croquet, à moins qu'une visite à faire ou à recevoir ne vînt nous occuper. J'avoue à ma honte que je ne goûtais guère ces échanges de politesse. Pour dresser aux bonnes manières la sauvageonne que j'étais, on ne manquait pas de m'envoyer jouer avec les petites filles et je ne savais comment les aborder. Leur timidité me paralysait, ou leur papotage m'exaspérait, et

---

[1] [Deuxième frère de Renée Léger (née Dormoy). Le récit détaillé de cet incident est relaté par Renée Léger elle-même dans ses *Souvenirs de la Guadeloupe*. Cf. *infra* p.173.]

j'ai souvenance d'avoir entraîné Maurice qui, lui, ne s'embarrassait pas de ces difficultés, à fuir la maison quand on annonçait brusquement l'arrivée de telle ou telle famille voisine. Tonton Noche m'expliqua combien il tenait à ce que son fils fût poli vis-à-vis de ses amis et me fit honte de ma sauvagerie ; désormais je pris sur moi pour m'en défaire et plus tard je lui sus gré de la leçon. D'ailleurs, j'avais l'occasion de me rattraper en amabilité quand il s'agissait de parties de rivière ou d'excursions en compagnie d'autres personnes ; nageant et grimpant mieux que la plupart de mes contemporaines, j'étais très fière de les aider, comme l'aurait fait un garçon, à remonter un courant un peu rapide, ou à escalader un rocher glissant. Cette dernière occasion ne nous était guère fournie qu'à la Soufrière. Cette jolie montagne qui, vue de la *Joséphine*, semble dresser vers le ciel, comme une poitrine féminine, son double sommet, est le but traditionnel, et même quasi unique, de tous les amateurs d'ascension ; là seulement, en effet, un sentier vaguement tracé permet d'atteindre le sommet ; mais bien souvent, il faut se hisser à l'aide des mains et, à cette époque, on avait, pour plus de commodité, adopté pour l'excursion, le costume de bain. Il ne s'agissait pas alors de maillot, et le pantalon bouffant aux genoux que recouvrait à demi la longue blouse retenue à la taille, constituait vraiment la tenue idéale pour ce genre de sport.

L'on n'avait même pas besoin de se déshabiller pour se baigner quand, en redescendant de la montagne, on s'arrêtait aux Bains Jaunes, vaste piscine d'eau tiède, située au point où finit la magnifique forêt qui couvre le massif montagneux d'où se détache quasi nue, ou du moins vêtue seulement de mousse et d'une végétation herbacée, la Soufrière elle-même.

C'est aux Bains Jaunes aussi que nous attendaient les porteurs chargés de notre déjeuner et des vêtements secs et légers que nous enfilions avec volupté après un long bain tiède qui nous délassait de notre escalade assez mouvementée. Il fallait faire encore à pied quelques bons kilomètres pour retrouver les voitures ou les chevaux qui nous avaient conduits le matin, avant l'aube, à l'entrée des « grands bois » ; mais nous les parcourions allègrement, assouplis par le bain tiède et aussi parce que nous descendions maintenant ce qu'il avait fallu gravir le matin. Cette forêt des Bains Jaunes me parut si belle, si prodigieuse de mystère que, plus tard, j'ai vivement désiré confronter mes souvenirs avec la réalité ; je n'en ai pas eu l'occasion, mais mon frère Charlot, qui a connu en Extrême-Orient et à Ceylan d'autres forêts tropicales, m'a assuré que celle-là n'avait rien à leur envier. Volontiers j'accepte son jugement.

Mais tout cela : jeux, baignades ou excursions, supposait le beau temps ; or les vacances correspondant à la période de l'hivernage, c'est bien souvent que la pluie venait contrarier nos projets ou gâcher notre plaisir. Jusqu'à présent, un certain bruit ou un certain rythme d'une averse tombant sur les feuilles, évoque invariablement pour moi nos vacances à la Guadeloupe. Partout ailleurs, pour des enfants de notre âge, ces journées pluvieuses eussent été autant de catastrophes, pour nous elles changeaient simplement la nature de nos plaisirs. C'est alors que notre Oncle Emmanuel montrait les mille ressources de son esprit et sa compréhension de la jeunesse. Excellent musicien, il mettait à notre service une mémoire considérable et une bonne grâce inlassable, nous initiant au répertoire classique ou pliant son talent aux fantaisies de jeux plus ou moins bruyants tels que « Sir Roger de Coverley » ou la « pincette ».

Sa sœur aînée, Tante Annette Dormoy, douée d'une jolie voix et d'une robuste gaieté ne dédaignait pas plus que lui de se mêler à nos divertissements ; nous leur devions les meilleures idées pour nos charades et ils composaient avec Tante Henriette, la sœur de celle-ci, Tante Alice et leur mère, madame de Lalung, que tout le monde appelait « Grand'Maman » un auditoire complaisant. A notre tour nous n'épargnions pas les applaudissements quand, accompagnée par son frère, Tante Annette consentait, une fois de plus, à nous faire entendre les romances plus ou moins anciennes de son répertoire : la berceuse de Jocelyn, le Biniou, la Vierge à la Crèche et quelques autres constituaient le fond solide auquel nous revenions sans cesse. Plus moderne était celui dont disposait Guy de Meynard et c'est par lui que j'appris à connaître les opéras alors à la mode, du moins les airs de baryton du Roi de Lahore, de Werther, du Roi d'Ys, de Thaïs et même de Lohengrin, de Tannhauser, du Vaisseau Fantôme, etc.

Tout cela était un peu sérieux pour les tout petits, les enfants de Georges Dormoy et même pour moi et souvent nous réclamions des airs créoles, de ces airs endiablés du carnaval de Basse-Terre ou de Saint-Pierre et, de bonne grâce, Tonton Noche appelait pour jouer à quatre mains avec lui l'une de ses filles Clo ou Lilotte ou même Maurice, déjà féru de musique et capable, à dix ans, de répéter sur n'importe quel instrument les airs qu'il entendait. Cette disposition atavique faisait mon admiration et j'aurais bien voulu en être dotée, mais les essais de Lilotte pour guider mes doigts sur la mandoline demeurèrent vains ; je n'avais rien d'une « Le Dentu » et devais me contenter d'écouter ce qu'exécutaient les autres.

Ces premières vacances au Matouba passèrent comme un rêve du moins pour les jeunes ; mes parents en jouirent eux aussi, comme d'une détente après les très lourds soucis et même les angoisses qui les avaient assaillis durant les premiers mois qui suivirent l'éruption. Plus que leur ruine totale, plus que leur propre avenir, le sort de leurs enfants, celui de leurs frères et sœurs, si loin d'eux désormais, n'avaient cessé de les préoccuper ; maintenant avec le recul des années, je demeure persuadée que les larmes silencieuses, que je surprenais à cette époque sur le doux visage de ma mère, n'avaient d'autre source que la séparation d'avec les siens. Dans ce Paris, où il ne fait bon vivre que si l'on n'a pas trop besoin de compter, Charlot et Lilie, notre Oncle Joseph, Tante Rosette, notre sœur Andrée, se trouvaient sans autres ressources que la fraternelle générosité de nos parents et amis, les Edouard et les Roland Pichevin, car il ne fallait guère compter hélas ! sur les modestes allocations fournies par le Comité de Secours aux Sinistrés de la Martinique. Il y aurait trop à dire sur la façon toute démagogique et politicienne dont furent distribués les subsides donnés par le monde entier et ce n'est point la place ici d'en entreprendre la critique ; je me contenterai de noter que, dès qu'ils furent en mesure de se passer de ces allocations, notre oncle et notre frère le firent joyeusement, le second surtout qui avait été très humilié par les démarches qu'il avait dû faire en arrivant pour nourrir et vêtir sa jeune femme et lui-même. Charlot finit par obtenir un passage gratuit pour l'Indochine et, au début de 1903, ils débarquèrent sur cette terre lointaine qu'ils ne devaient quitter l'un et l'autre que pour mourir. [...]

Il fallait songer à regagner la Martinique et, après cette pause, organiser notre nouvelle existence. Par Juana et Roger nous savions que le Gouvernement de la Martinique avait entrepris de distribuer aux « Sinistrés de Saint-Pierre » ou à ceux qui se disaient tels, les terres d'une ou deux propriétés acquises par lui à Sainte-Marie et mon beau-frère espérait qu'une parcelle au moins pourrait être attribuée à mon père en dédommagement de la perte de la Grand'Case. Il nous pressait donc de revenir chez lui en attendant de recevoir peut-être un nouveau toit ; de plus Juana se déclarait prête à me faire la classe en même temps qu'à sa belle-fille Rachel en attendant que les religieuses de Saint-Joseph à Fort-de-France pussent organiser un pensionnat suffisant pour toutes les nouvelles élèves que la destruction du Couvent de Saint-Pierre leur amenait.

Certes, il m'en coûtait de renoncer à ma liberté robinsonnesque, bien que l'actif compagnon de mes jeux, Maurice, m'eût déjà abandonnée pour reprendre ses études comme pensionnaire au Collège des Pères du Saint-Esprit à la Basse-Terre, mais ma sœur Lily, qui depuis le mois de mai avait vécu comme une véritable sœur avec nos cousines, avec Lilotte surtout qui, en fait, était sa sœur de lait, avait encore plus de regret que moi à quitter la *Joséphine*. Nous manifestâmes un tel chagrin que notre oncle et notre tante nous promirent de nous faire revenir l'année suivante.

Ils tinrent parole et ainsi s'établit une tradition qui dura jusqu'à notre départ pour la France : chaque année nous passions ensemble les grandes vacances, soit à la Guadeloupe, soit à la Martinique, car Juana et Roger Despointes s'entendirent avec mes parents pour inviter à Sainte-Marie Tonton Noche, Tante Henriette et leurs enfants. Ces vacances devinrent peu à peu la brillante perspective vers laquelle convergeaient nos espoirs et plus tard les repères de nos souvenirs ; nous baptisions l'année du nom de l'hôte particulier dont la venue avait provoqué une suite plus longue de réjouissances : parties de rivière, excursions en montagne, comédies de salon, etc. etc. C'est ainsi que 1903 demeure « l'année d'Emilio », du nom du fils aîné de Tante Annette Dormoy venu d'Egypte pour revoir sa mère et son pays, que 1904 qui vit le retour aux Antilles de notre sœur Andrée porte son nom, que 1905 est « l'année de René Le Dentu », etc. ; je dirai un mot rapide de chacune de ces années et des événements importants qu'elle comporte.

CHAPITRE XIV

− 1905 −

Déjà depuis près de deux ans, notre Oncle Raoul était revenu à la Martinique où malgré les menaces du volcan, il avait entrepris de relever la propriété du Prêcheur qui portait depuis toujours le nom de sa famille. La maison du Marry n'avait brûlé ni au 8 mai, ni au 30 août 1902, et si elle avait été comme la Grand'Case, et grâce à la diligence de Roger Despointes, vidée de ses meubles entre les deux éruptions, on pouvait encore y camper. C'est ce que faisait Tonton Raoul qui ne voulait, disait-il, risquer dans cette aventure que sa peau et celle de son fidèle Julien. Magnifique souvenir que celui de ce nègre infirme (une piqûre de serpent avait nécessité l'amputation de sa jambe gauche) dévoué corps et âme à son maître et à la terre où il avait grandi ! Pour les retrouver l'un et l'autre, il avait laissé à Fort-de-France sa femme et ses enfants réfugiés au chef-lieu comme tous les rescapés du Prêcheur. De ses mains fort adroites, il avait rebâti la modeste chaumière où il vivait avant l'éruption et que le cyclone de 1903 avait détruite ; avec son maître, il avait recouvert la maison de celui-ci, déblayé autour d'elle la terrasse où s'était amoncelée la cendre, de telle sorte qu'il fallait maintenant descendre plusieurs degrés pour y entrer, et planté quelques légumes indispensables, ignames ou patates, qui avec les arbres à pain restés debout allaient leur fournir leur rustique ordinaire.

Puis ensemble, ils entreprirent de refaire les terres et de les replanter. Travail colossal et jamais vu à la Martinique. Les ravins profonds, où, depuis plus de deux cents ans, poussaient à l'abri du vent les cacaoyers, avaient été entièrement balayés par une sorte d'avalanche. Les cendres accumulées par les éruptions de 1902 avaient constitué dans la partie haute des terres de vrais barrages. Quand vinrent l'hivernage et surtout le cyclone de 1903, l'eau finit par les emporter mais entraîna aussi toute la végétation. Catastrophe presque comparable à celle qu'aurait produite le feu du volcan. Pour redonner à ses ravins la fertilité nécessaire, car ils avaient été dépouillés de leur humus, notre oncle décida de les combler en y faisant descendre la terre et tous les débris végétaux des deux bords. Il commença ce travail d'abord seul avec Julien. Les deux hommes se trouvaient au Marry exactement comme Robinson et Vendredi dans leur île ; isolés du reste du monde, d'une part par l'abandon total des autres propriétés non détruites du Prêcheur : le Céron et l'Anse Couleuvre où s'arrête la dernière route de l'île au Nord, d'autre part, par la destruction du Prêcheur et de Saint-Pierre, ils vécurent d'abord de conserves, de morue salée et des « gros légumes » assez vite poussés ; sans filets, sans barque, ils n'auraient même pas pu pêcher. A cette époque, mon pauvre oncle n'avait plus guère qu'une chemise et un complet de toile kaki rapportés de la Trinidad. Pour laver cette chemise, il se rendait avec Julien à la rivière et pendant qu'il se baignait, Julien lavait la chemise et la faisait sécher au soleil ; un peu plus tard, quand ils eurent vidé le bassin et réparé la conduite d'eau, ils n'eurent plus besoin de descendre au Céron pour cette opération ; la présence de la claire eau de source, captée à deux kilomètres environ par mon père améliorait singulièrement leur situation.

Peu à peu, un à un, les anciens travailleurs du Marry, apprenant que le maître était revenu s'aventuraient en canot jusqu'à l'Anse Belleville, le petit port de la Grand'Case, et venaient voir si « Monsieur Raoul » n'avait pas envie de les reprendre. Hélas ! c'était bien tentant de repeupler ces nombreuses cases où s'agitait autrefois la vie d'une petite cité ouvrière noire, bien tentant d'avoir la main d'œuvre nécessaire pour refaire la propriété mais avec quoi la payer ? Des années, dix années au moins, se passeraient avant que les premiers cacaoyers replantés pussent entrer en pleine production.

Roger Despointes, ému par tant de courage et de misère, avait bien proposé un prêt important qui eût permis de hâter les travaux et d'attendre cette renaissance du gain ; mais le volcan était là, tout près, grondant continuellement et capable sans doute de tout détruire une deuxième fois, et alors Tonton Raoul se retrouverait plus pauvre que maintenant, puisqu'il aurait des dettes, de grosses dettes. Non ! Il ne voulait pas de cela, il voulait bien mourir à la tâche ou sous le feu du Mont Pelé, mais sans laisser à sa femme et à ses enfants un sou de dettes, elles auraient déjà assez à faire elles-mêmes pour gagner leur vie désormais. Pour lui, il continuerait avec Julien et avec tous ceux qui se contenteraient d'un salaire ridicule et des légumes que leur fournirait le lopin de terre cultivé par eux, à relever sa propriété, tout doucement, et tant qu'il en aurait la force.

Ainsi fit-il. L'isolement quasi-insulaire du Marry avait été, depuis 1904, un peu rompu par l'établissement d'un service régulier de bateau reliant Fort-de-France à Sainte-Marie ; cela avait pour but évidemment de ravitailler les communes et les habitations que la disparition de Saint-Pierre privait d'un important centre commercial, et de faciliter vers le chef-lieu les transports qui ne pouvaient plus se faire par route.

L'oncle Raoul avait donc maintenant le moyen de se rendre à Sainte-Marie ; Julien et lui avaient construit un canot, il suffisait de se poster en mer sur le passage approximatif du « Horten » (c'était le nom de ce modeste bateau qui, pendant plusieurs années, représenta leur seul lien avec le reste de l'humanité) et d'attendre l'arrivée du rafiot où l'on embarquait au vol, si j'ose dire, car bien entendu il ne s'arrêtait qu'une minute pour l'unique passager et celui-ci utilisait la houle pour sauter de la barque dans le bateau. Pour descendre à Sainte-Marie, c'était à peu près le même sport et la mer n'y était guère commode ; mais ce n'était point le danger qui effrayait Tonton Raoul et le retenait de longs mois au Marry sans qu'il songeât à profiter du « Horten » pour venir nous voir. Déjà silencieux de nature, il s'était vite accoutumé à sa solitude et la paix de son habitation était loin de lui déplaire. Mais Julien, qui avait pour son maître toutes les délicatesses, veillait : « Monsieur Raoul, lui disait-il, quand irez-vous voir votre frère à Sainte-Marie ? Il y a bien longtemps, il me semble, que l'on ne vous a vu à Fourniols. Il faut aller voir des blancs, vous ne saurez plus parler français » : « *Allé oué béké, ou ka palé trop nèg ici a, ou pas ké save palé francé enco*[1] ». Et docile, Tonton Raoul préparait son « panier caraïbe » pour le vendredi suivant, mais auparavant Julien l'appelait : « *Vini pou moin rasé ou, ou pas peu allé con ça Sainte-Marie*[2] *!* » et artistement, il lui refaisait

---

[1] [« Va voir le béké, tu parles trop le nègre ici, tu ne sauras plus parler français. »]
[2] [« Viens un peu que je te rase, tu ne peux pas aller ainsi à Sainte-Marie. »]

une beauté en ménageant la barbiche que son maître avait toujours portée.

On le voyait donc arriver de temps à autre, s'annonçant en souriant par l'excuse : « Julien m'a envoyé vous voir et me voici. » Il savait bien que sa chambre était vite faite à Fourniols, dans la vieille sucrerie, au « boucan », et que nous étions tous ravis de le voir. Il contait à mon père les progrès du Marry, et ses soucis au sujet de sa femme et de ses enfants que, selon toute évidence, il ne pouvait condamner à vivre au Prêcheur à sa manière de Robinson.

Tant qu'elles étaient chez son frère Joseph, à l'abri du besoin, et disposant pour leurs dépenses personnelles de la modeste rente servie par le « Comité de Secours aux Sinistrés de Saint-Pierre », il s'était senti excusable de consacrer entièrement à sa propriété ses maigres ressources et toute sa peine, mais maintenant que Joseph avait décidé de quitter la Trinidad, qu'allaient-elles devenir ? Ses filles n'avaient encore que treize et quinze ans et n'étaient guère en mesure de gagner leur vie, et, quant à sa femme, pouvait-il lui demander de prendre un métier quelconque, elle si élégante et charmante et qu'une jeunesse choyée n'avait guère préparée à la lutte pour la vie ? Mon père et ma mère rassuraient Tonton Raoul : « Mais oui, on pouvait attendre de Tante Amélie qu'elle montrât à l'aider dans sa tâche tout le courage nécessaire et l'on trouverait bien le moyen d'envoyer au Couvent Adèle et Ninie qui avaient avant tout besoin de terminer leurs classes, quel que pût être leur sort, si, plus tard, le mariage ne leur épargnait pas la nécessité de gagner leur vie ; elles étaient charmantes, jolies, tout le monde le disait, et ce serait bien le diable, si dans ce pays où la beauté est une dot, les jeunes gens ne s'en apercevaient pas ! [...]

Les vacances de 1905 furent particulièrement brillantes. La présence, à la *Joséphine*, de notre cousin René Le Dentu, revenu auprès des siens pour la première fois depuis dix ans, créait une atmosphère de fête continue. Tous les parents, tous les amis, voulaient voir l'arrivant paré du prestige de son long séjour dans la capitale, de son accent parisien, de sa mémoire prodigieuse qui servait son goût du théâtre et de la poésie. A cette époque, il était de bon ton de savoir dire les vers et, sans embarras, un jeune homme ou une jeune fille s'adossait à la cheminée ou, quand il n'y en avait pas, comme chez nous, à une console ou au dossier d'un fauteuil, pour déclamer à la manière de la Comédie Française des poèmes de Victor Hugo, des sonnets de Heredia ou même et surtout de longues tirades d'Edmond Rostand dont la vogue battait encore son plein. René savait par cœur « tout *Cyrano* », « tout *l'Aiglon* » et imitait parfaitement, paraît-il, Coquelin. C'était lui, certainement, qui avait développé chez Andrée ce goût de la diction qui, en 1904, nous avait déjà éblouies, mais que je ne me sentais, certes pas, prête à partager avec elle. Les vers m'émouvaient étrangement et rien qu'à les dire moi-même en cachette, je sentais sourdre les larmes au bord de mes paupières ; je ne pouvais supporter d'en entendre déclamer certains en public et fuyais sous un prétexte quelconque, mais très facilement, et sans trouble, j'acceptais ceux de Rostand, m'enchantant des jongleries de la tirade des « nez » et du clairon de Flambeau dans *l'Aiglon*.

Avec ces divertissements « littéraires » réservés surtout aux journées pluvieuses, nous alternions les plaisirs de l'eau et de la promenade à pied et le soir la musique, la danse et les charades prolongeaient la soirée jusque vers onze heures ou parfois minuit, ce qui était assez tard pour les Antillais, du moins à cette époque. [...]

Aux premiers jours d'octobre, nous regagnâmes le couvent, mes cousines Marry et moi, et l'année s'acheva sans incidents autres que ceux qui émeuvent des pensionnaires : une composition ratée, une gronderie de la Mère X ou de la Mère Y pour une incartade plus ou moins grave, et des maladies bénignes, dont l'une cependant causa quelque émoi : la diphtérie qu'eut Ninie et qui ne fut reconnue que tardivement, non point par le médecin du lieu, mais par notre cousin René de la Roche. Grâce à Dieu, Roger avait à l'Usine tous les sérums d'usage courant et la piqûre, faite à temps par le même René de la Roche, mit hors de danger la jeune malade.

CHAPITRE XV

– 1910 –

Nous avions débarqué à Port of Spain en décembre et tout de suite les invitations affluèrent, Maurice Lange était parent de tous les Français de l'île et Tonton Jo avait beaucoup d'obligés et encore plus d'amis. Il nous sembla (à tort ou à raison) que les toilettes confectionnées à Fourniols n'étaient pas inférieures à celles des amies de notre sœur et nous nous amusions franchement. Andrée ne nous accompagnait pas au bal, elle partageait le deuil de son fiancé, ayant elle-même beaucoup apprécié René Lange. Le passage à la Trinidad du navire-école français, le vieux Duguay-Trouin, mit une grande animation dans la ville ; la tradition, établie depuis toujours, réservait en effet à nos jeunes enseignes un accueil d'une cordialité exceptionnelle. Toutes les familles françaises avaient à cœur de montrer aux marins de France la fidélité de leur souvenir. Tonton Jo eut son « midship » comme tout le monde : un jeune homme de Louviers que lui adressaient les Robert La Rougery. Il le reçut le mieux possible et en retour, nous fûmes invités à bord du Duguay-Trouin. Nous y fîmes la connaissance de plusieurs aimables jeunes hommes dont l'un surtout nous frappa par sa haute taille, ses yeux bleus et surtout sa qualité d'ingénieur hydrographe car il était frais émoulu de l'Ecole Polytechnique. Il s'appelait Jacques Boutan. Celui qui me l'aurait présenté comme un futur cousin de mon futur mari nous aurait bien surpris l'un et l'autre, mais il me fallut attendre vingt-deux ans pour entendre de nouveau son nom et le reconnaître d'emblée.

On nous raconta un sensationnel déjeuner à Montserrat chez les de Verteuil ou les Lapeyrouse. Le maître de maison pour « faire couleur locale » ou étonner un peu ses jeunes hôtes avait imaginé de faire servir le repas non point par ses habituelles domestiques noires, mais par les plus belles femmes indiennes de la propriété. L'émigration amenait à cette époque à la Trinidad une main d'œuvre recrutée un peu partout dans l'Inde et quelquefois des types remarquables se trouvaient parmi les engagés. Vêtues des plus beaux saris qu'on pût trouver, chargées de bijoux, plus ou moins personnels, elles circulaient majestueusement, aidées dans la coulisse par les vraies domestiques. Ahuris ou émoustillés, les jeunes enseignes en perdaient le boire et le manger, à la grande joie de l'amphitryon qui affirmait que tous les jours il était ainsi servi. Nous n'osâmes pas détromper nos hôtes d'un soir et peut-être la vision de ce paradis de Mahomet troubla-t-elle longtemps leurs rêves.

Le mariage d'Andrée eut lieu le 18 janvier à Notre-Dame du Rosaire et fut conforme en tous points aux usages locaux : lunch confortable, Wedding cake impressionnant, riz jeté à poignées sur les mariés avec accompagnement de vieux souliers, départ pour les îlets, rien n'y manqua, si ce n'est le bal que ne permettaient plus les circonstances.

C'est à Chacachacare, qui alors n'était pas réservé aux lépreux, qu'ils devaient passer leur lune de miel et ils eurent en fin de séjour, la gentillesse de nous y inviter pour vingt-quatre heures. Chacachacare est le dernier de la série d'îlots qui, au nord de la Trinidad, marque l'ancienne attache de l'île à la « Côte ferme », comme on disait autrefois. Avec Monos (l'île des singes) et Huevos (l'île des œufs), il forme les pierres d'un gué gigantesque entre lesquelles passent les puissants courants marins des Bouches du Dragon, par où les navires pénètrent dans la baie de Paria, fermée pareillement au sud par les Bouches du Serpent. De Chacachacare, on voit très bien le Venezuela où, paraît-il, on peut se rendre aisément en quelques heures de canot à rames. Il m'aurait plu de le faire, et aussi de pêcher à la ligne quelques-uns de ces poissons énormes qu'on trouve dans ces parages et dont nous eûmes un échantillon modeste ramené par Maurice et qui pesait tout de même ses vingt ou vingt-cinq livres. Mais il ne pouvait être question de prolonger le séjour « aux îlets » et nous rentrâmes tous à Port of Spain d'où Maman devait partir assez vite, afin de permettre à Juana, qui était restée auprès de Papa en son absence, de venir nous retrouver. Notre sœur aînée, accompagnée de ses deux fillettes, Renée et Madeleine, dut nous arriver en février ou au début de mars et les jours s'écoulèrent plus ou moins calmes ou plus ou moins agités suivant les circonstances : séjours chez Andrée à Tumpana, à Montserrat chez Hermance de Verteuil (une sœur de Maurice) ou à Arima chez les Seheult (parents de Madame Victor Albert, la belle-sœur de notre Tante Amélie Marry). Les lettres de Maman nous inquiétaient un peu, elle nous parlait de plaies qu'elle n'arrivait pas à guérir et qui empêchaient Papa de se chausser. Nous savions le danger que représentent pour les diabétiques ces ulcérations toujours susceptibles de se gangrener et nous nous demandions s'il ne fallait pas rentrer bien vite à la Martinique. Or voici que se présenta une sérieuse complication : la peste avait fait son apparition à la Trinidad et la Compagnie Transatlantique se refusait à embarquer des passagers pour les Antilles. Elle acceptait ceux d'Europe qui avaient, paraît-il, le temps de purger la quarantaine, mais personne pour la Martinique et la Guadeloupe, trop proches de Trinidad. Je n'ai jamais compris cette décision du point de vue médical, car en somme les passagers embarqués à destination de la France risquaient d'apporter la peste à bord du navire et par conséquent de propager la maladie en Europe ; quoi qu'il en soit de la valeur de la mesure, elle nous bloquait à la Trinidad à un moment où nous aurions voulu être auprès de notre père. Les lettres de maman se firent plus pressantes, bien qu'elle ne fût pas seule, car notre Tante Henriette Le Dentu était venue de la Guadeloupe la rejoindre à Fourniols, mais elle sentait arriver le moment où il serait pour nous trop tard pour embrasser une dernière fois celui que nous aimions tant. Un cargo qui chargeait des mélasses à Port of Spain et dans les îles anglaises voisines : Barbade, Saint-Vincent, Sainte-Lucie, pouvait nous déposer dans cette dernière île d'où il nous serait peut-être facile de gagner la Martinique. A tous risques, nous décidâmes de partir : c'était un voyage de douze jours avec les escales, peut-être arriverions-nous à temps, et de toutes manières, il fallait retrouver Maman. Curieux voyage où l'angoisse sans cesse ressassée cédait cependant à l'attrait de tant de choses inconnues, telles, par exemple, que cette mer extraordinaire de la Barbade, si bleue et si transparente qu'en plein port, on voit nager les gros poissons comme dans un gigantesque aquarium. Et ce volcan de Saint-Vincent, si semblable au nôtre, mais qui avait fait peu de victimes, lors de sa dernière éruption, aucune ville ou même aucun village important ne se trouvant à ses pieds, comme Saint-Pierre sous le Mont Pelé. Et cette baie ravissante de Castries si joliment découpée et où nous évoquions le souvenir des ancêtres Dujon « si riches qu'une rue entière de la ville leur appartenait ». Et même cette comète de Halley qui inquiétait le monde savant et dont nous suivîmes les étapes jusqu'au jour où nous la vîmes reparaître minuscule du côté opposé à celui où sa lueur avait démesurément grandi et avait fini sans doute par envahir notre atmosphère.

De Sainte-Lucie, nous gagnâmes Fort-de-France sur un petit voilier à peine ponté qui, en quelques heures de bonne brise, franchit le bras de mer qui sépare les deux îles. Le lendemain nous étions à Sainte-Marie. Après la première étreinte pleine d'émotion qu'il nous donna, Papa se prit à rire : « Ah ! mes enfants, vous avez manqué quelques bons quiproquos, ces deux sourdes ensemble, non ! c'était trop drôle », et il entreprit de nous raconter les bonnes histoires qui s'étaient passées à Fourniols en notre absence. Nous fîmes semblant de rire aussi tandis qu'avec un air apitoyé, Tante Henriette nous montrait d'un geste muet la hauteur où déjà atteignait la gangrène redoutée. Elle mit, cette affreuse décomposition des tissus, treize jours encore à le tuer, mais dès le lendemain de notre arrivée, le coma, traversé de délire, le sépara de nous et abolit en partie sa conscience, mais lui laissa toute sa sensibilité. D'affreuses souffrances le secouaient, lui arrachant des cris ; au risque d'abréger sa vie de quelques heures, Juana commença à lui donner la morphine que lui refusait le craintif médecin de Sainte-Marie et il fut soulagé, mais alors son esprit fut en proie à la crainte d'êtres imaginaires, peurs d'enfant qui nous déchiraient, nous qui le considérions comme l'image vivante du courage, de la force qui ne redoute rien.

Sa fin fut très consciente, il nous bénit toutes trois et, avec nous, sa fille, ses fils absents et ses petits-enfants, récita avec le prêtre les prières des agonisants qu'il connaissait bien et s'abandonna avec confiance entre les mains de Dieu. Quand s'éteignit enfin le souffle puissant qui avait animé ce corps robuste de 66 ans, réduit par la maladie à la charpente osseuse, nous nous mîmes debout toutes les cinq, ma mère, ma tante, mes deux sœurs et moi pour crier merci à Celui qui l'avait délivré. C'était le 10 juin 1910.

Trois jours auparavant notre cousine, Adèle Marry, s'était mariée et nous avait marqué son regret de ne pas nous avoir auprès d'elle ce jour-là ; mais il n'avait pu être question pour nous d'abandonner le chevet de Papa. Adèle avait épousé, au François, Maurice Vivies, le frère de plusieurs de nos camarades du couvent, et elle allait mener désormais la vie un peu retirée de certaines jeunes femmes de la campagne pour qui les travaux de fermière accomplie n'ont pas de secrets. Son désir de plaire, son goût de la toilette céderaient le pas à un attachement passionné pour son mari, mais elle ne trouverait pas dans la maternité de quoi alimenter la flamme de dévouement et de tendresse qui brûlait son cœur. Chère Adèle, si bonne, si douce, pourquoi est-ce à elle qu'a manqué cet épanouissement de ses plus profonds instincts, alors que tant de femmes qui le méritent moins qu'elle, élèvent une nombreuse famille ? Mystère de la destinée...

La mort de Papa eut pour conséquence immédiate de nous faire quitter Sainte-Marie du moins pendant l'année scolaire. Juana trouvait qu'il était grand temps de faire suivre des classes régulières à ses petites filles et, malgré son attachement à la congrégation religieuse de Saint-Joseph de Cluny, elle décida de ne point séparer ses enfants de leurs aînées Thérèse et Rachel qui étaient pensionnaires chez les dames de Jaham. J'ai raconté comment ces cousines de la première femme de Roger Despointes avaient été entraînées à ouvrir une petite école pour les enfants de leur famille et le succès qu'elles avaient rencontré, mais dû limiter, pour ne pas encourir la possibilité de refuser l'entrée de leur pensionnat à des enfants de couleur. Renée et Madeleine furent donc inscrites chez Télia de Jaham pour la rentrée d'octobre et Juana chercha une maison à Fort-de-France. Elle eut la chance de la trouver dans cette rue Amiral de Gueydon où habitaient Tante Emilie Decomis et le jeune ménage Garcin et, non loin, les Artur du Plessis, cousines germaines de Roger Despointes.

L'immeuble, en bordure de la promenade publique, ou si l'on veut, du square appelé « La Savane », était assez vaste pour nous loger toutes, car notre sœur se refusant à nous laisser seules à Fourniols, Maman, Lily et moi, nous l'avions suivie à Fort-de-France. Une vie nouvelle commença qui n'était pas sans agrément, mais qui ne dura que deux années :

un nouveau projet, plus hardi que le premier, devant nous entraîner jusqu'à Paris.

    Le premier événement familial qui suivit notre installation en ville fut la naissance du premier enfant d'Andrée Lange, une petite fille qui reçut le nom de Denyse. Nous imaginâmes aisément la joie des parents et surtout celle des grands-parents, de Tante Rosette qui aurait ainsi de nouveau un bébé à dorloter. A la fin de l'année, le jour même de Noël, notre voisine Jeanne Garcin eut aussi une petite fille qu'elle appela Annette en souvenir de son amie, notre cousine, Annette Dormoy, devenue depuis 1907, madame Jean Le Boucher.

CHAPITRE XVI

– 1911 –

Quatre ou cinq grands faits familiaux jalonnent cette année dont je ne pourrai qu'approximativement indiquer l'ordre de succession : un séjour que nous fîmes, Lily et moi à la Trinidad, le retour à la Martinique de mes très chers compagnons d'enfance Raymond Marry et Raymond Despointes, la venue en congé de nos tonkinois Charlot, Lilie et leurs enfants et enfin, le plus inattendu de tous ces événements, une curieuse demande en mariage, ou presque, pour ma sœur Lily. Je crois qu'elle se place dans les premiers mois de l'année et il me faut remonter jusqu'en 1905 pour en montrer les causes. A cette époque, déjà lointaine, l'échange des cartes postales d'un pays à l'autre s'ajoutait à celui, encore plus ancien, des timbres-poste et nombre de journaux ou revues possédaient une rubrique spéciale où les abonnés pouvaient puiser les renseignements qui les intéressaient. A Fourniols, nous avions, en dehors des vacances toujours bien remplies, des loisirs considérables et Lily consacrait une partie des siens non seulement à la lecture, mais encore (faute de moyens suffisants pour acheter les livres qu'elle désirait) à la copie de poèmes récoltés un peu partout. C'est ainsi qu'elle voulut reconstituer à son usage le livre, épuisé d'ailleurs en France à ce moment-là, des « Pipeaux » de Rosemonde Gérard. Abonnée à la revue des *Annales*, elle y fit insérer une annonce qui promettait à ses futurs correspondants des timbres et des cartes postales de la Martinique, en échange des premiers poèmes de madame Edmond Rostand. L'éruption du Mont Pelé avait fait connaître à la terre entière, et en particulier aux Français, le nom de la Martinique ; les lettres affluèrent donc. Une, entre toutes, retint son attention ; d'une très fine écriture et en un style charmant, celui qui signait Albert des Chaumes disait son désir de connaître un peu, par les récits qu'on lui en ferait, l'île lointaine dont le nom lui avait été révélé dans son enfance par un cousin aventureux qui y avait été dans son propre bateau, un trois-mâts qui, hélas ! n'avait pas eu une longue carrière. Bien entendu, il enverrait en retour tous les poèmes qu'on voudrait pourvu qu'on lui fît connaître l'âge de la personne qui les lirait et la nuance qui devrait guider son choix.

Une intarissable correspondance était née de cette lettre ; les questions se succédant aux questions de la part de l'amateur de voyages en chambre et provoquant de longues réponses où les moindres détails de notre existence quotidienne prenaient place. Des photographies avaient même été échangées, mais la première qui était arrivée de Paris avait mystifié tout le monde : Albert des Chaumes avait pris soin de mettre sur le cliché un cache rond qui masquait son visage. Ainsi, il avouait n'en être pas satisfait, modestie qui, d'ailleurs, perçait depuis longtemps dans ses lettres. Pourtant il n'hésita pas à le montrer aux deux personnes les moins susceptibles d'indulgence pour la disgrâce physique : Tante Anna Huc et Tante Emilie Decomis. Sous un vague prétexte de message à transmettre, il se présenta successivement rue Mizon et rue de la Croix-Nivert. L'impression, traduite sans ménagements par nos deux tantes à Lily, montrait un homme paralysé par la timidité, vêtu sans élégance, le type de l'intellectuel myope, n'ayant de vie véritable qu'au milieu des livres. C'était assez bien vu du dehors, mais, grâce à Dieu, il y avait autre chose qu'un rat de bibliothèque dans le correspondant lointain qui devait finalement épouser ma sœur. Il est bien inutile de dire que, dès les premières années, chacun la taquinait sur le prétendu « amour de tête » qui animait leur échange de lettres, où, désormais, il n'était guère plus question de poètes et de timbres-poste. En 1911, à la suite de deux conseils reçus inopinément de personnes bien différentes, une vieille tante religieuse et une jeune amie bulgare, Albert des Chaumes comprit qu'il fallait tenter d'échapper à la vie de « vieux garçon » que l'éducation étouffante d'une mère très bonne et très pieuse, mais rendue trop pusillanime par la mort de son mari, allait fatalement leur donner, à ses deux frères et à lui. Car il avait deux frères plus jeunes que lui, mais qui acceptaient sans le moindre désir d'évasion cette vie « sous le boisseau » qu'ils avaient toujours connue. Sans doute y avait-il autre chose que les allées et venues entre le bureau de rédaction du Génie Civil (où, dès la sortie de Centrale, il était entré) et la rue Bonaparte, où il vivait avec sa mère et ses frères, et peut-être devait-il en effet essayer de se construire un foyer, d'avoir une femme et des enfants. Très simplement, avec une émotion contenue qui filtrait à travers les lignes, Albert exprima son désir de connaître vraiment Lily et il proposa de lui offrir, en ami, le voyage en Europe. Elle descendrait chez un parent, les Huc, par exemple, qu'on disait si hospitaliers ; lui se ferait son cicérone à travers ce Paris qu'elle désirait tellement visiter, on causerait, on étudierait ensemble la possibilité d'un mariage, chacun restant libre, bien entendu, d'éluder, dès l'abord, cette hypothèse, si elle semblait inadmissible.

Nous lûmes cette lettre, mi amusés, mi attendris ; il fallait être vraiment bien original pour proposer pareille chose à une personne qu'on n'avait jamais vue et à une créole ! Chez nous, en effet, le mariage de présentation existe si peu qu'aucune jeune fille ne voudrait s'y prêter, retenue qu'elle serait par une pudeur pleine au fond de vanité ; et puis, ce qui était inadmissible, c'était d'accepter un cadeau d'argent d'un homme qui, sans doute, avait peu de chance de devenir un mari. Maman répondit elle-même à cette proposition qui, tout de même, nous avait beaucoup émues et sans doute Lily plus que nous toutes. Elle le fit avec tout son cœur et termina en annonçant pour la première fois à quelqu'un de France le projet encore vague, mais qui mûrissait dans l'esprit de Juana, d'une transplantation à Paris de la famille ; ainsi les circon-stances permettraient ce rapprochement qu'il était peut-être inutile d'établir par avance, mais rien n'empêchait une corres-pondance, vieille de six ans, de continuer.

A ce moment, Tante Rosette se trouva souffrante d'un zona extrêmement douloureux ; autant pour lui venir en aide que pour offrir à Lily une diversion aux sentiments perplexes provoqués par la lettre d'Albert, ma mère et Juana décidèrent de l'envoyer à la Trinidad, ce qui l'enchanta. Peu de temps après, je la rejoignis à Port of Spain et c'est ainsi que nous y achevâmes l'année scolaire.

Avant notre départ, et peut-être même avant la démarche d'Albert des Chaumes, nous avions eu la joie de voir arriver de France Raymond Despointes dont la santé nous avait causé de bien vifs soucis mais qui finalement semblait ne garder aucune trace de la pleurésie qui avait interrompu ses études et qui nécessitait son retour aux Antilles. Il passa quelques mois de repos à Didier avec Juana et dès la fin de l'année il put commencer à travailler à Sainte-Marie, sous la direction de son Oncle Gaston Despointes.

Notre séjour à la Trinidad prit fin vers le mois de juillet, et comme le projet de notre installation en France se dessinait de plus en plus fermement dans l'esprit de Juana, le désir de passer ensemble encore une fois les grandes vacances nous rassembla tous à la Martinique d'abord, à *la Joséphine* ensuite. Tante Rosette, Andrée et son bébé arrivèrent avec nous et Maurice vint ensuite nous rejoindre au *Marry*. Nous y étions bien nombreux, puisque Charlot, Lilie et leurs enfants s'y trouvèrent avec nous, ainsi que nos cousins Ninie et Raymond Marry. Ce dernier avait terminé à Paris ses études secondaires et se proposait de faire son droit à la Martinique auprès de ses parents qu'il avait quittés depuis huit ans. Il retrouvait avec une véritable ivresse la vie de son enfance et nous nous amusions beaucoup de ses enthousiasmes, de la facilité qu'il avait montrée à retrouver l'usage du créole dont il forçait comme à plaisir l'accent « couquia ». Au *Marry*, ce fut du délire : les nègres qui l'avaient connu enfant lui témoignaient une admiration et je dirai presque une tendresse débordante ; il la leur rendait en gentillesse, en bienveillance familière et tout le monde était content. Etonné d'abord par ces rapports entre noirs et blancs, parce que cela n'existait pas dans son pays, Maurice Lange s'y était très vite accoutumé et il se plaisait beaucoup lui aussi à ces assemblées nocturnes qui évoquaient si puissamment les premiers temps de la colonisation et peut-être aussi l'Afrique lointaine où étaient nés ces contes, ces chants, ces danses et leurs éternels « titims » [devinettes].

Le mois d'octobre nous ramena à Fort-de-France, pour la rentrée des classes. Charlot et Lilie habitaient à deux pas de chez nous, chez Tante Emilie Decomis et les Albert Garcin ; nous achevions toujours ensemble chaque après-midi, et sur la savane, devant nos fenêtres, les enfants pouvaient s'ébattre librement. Bien souvent, les pensionnaires de Télia de Jaham se joignaient à eux et mes nièces Renée et Madeleine retrou-vaient avec joie leurs cousines germaines les filles d'Amédée : Nelly, Paule et Aline Despointes, ou plus exactement, selon les surnoms qui devaient les suivre toute leur vie : Lily, Ti Co et Aline. Les deux aînées étaient fort délurées pour leur âge, et, pour nous amuser, nous eûmes l'idée de leur faire jouer la comédie avec nos neveux et nièces. La pièce qui nous avait inspiré ce désir comportait le rôle d'un enfant terrible : une petite fille de quatre ou cinq ans et le bavard Roger nous semblait tout désigné pour incarner ce personnage. Il fallut lui persuader que cela n'avait rien d'humiliant d'être une petite fille, surtout pour rire, mais le rusé compère abusa largement de la situation et se fit offrir à chaque répétition force bonbons, gâteaux et vins doux. Enfin vint le grand jour où coiffé de la perruque blonde d'une poupée et vêtu d'une jolie robe brodée, notre petit neveu eut à cœur de nous étonner tous et emporta presque tout le succès de la pièce par sa verve impayable.

CHAPITRE XVII

– 1912 –

Mise en goût par cet essai, la jeunesse réclamait une nouvelle comédie, ce fut une opérette qu'on lui offrit en pâture. A ce moment en effet, Mme William Garcin (la belle-sœur de Jeanne Decomis) avait organisé un cours de musique vocale auquel beaucoup de nos jeunes amies prenaient part. Elle accueillirent avec enthousiasme le projet de jouer « le Petit Duc » mais il manquait de choristes hommes ; elles surent persuader leurs frères, cousins et amis, et, en quelques semaines, vers Pâques ou peu après, l'opérette fut au point, Estelle Garcin assurant elle-même le rôle du « Petit Duc » et Paulette Choméreau Lamotte, l'une de ses meilleures élèves, celui de la duchesse.

Juan qui avait déménagé tout le rez-de-chaussée de sa maison pour loger théâtre et spectateurs, fut largement payée de ses peines ; non seulement le spectacle, mais aussi le bal qui suivit eurent un énorme succès. Nos cousins Maurice et Lilotte Le Dentu étaient venus de la Guadeloupe pour la circonstance mais c'était aussi pour eux l'occasion de nous dire au revoir, car c'était bien décidé maintenant, nous allions quitter la Martinique et nous nous sentions le cœur bien partagé. Certes, nous brûlions d'envie, Lily et moi, de connaître cette France que tous ceux qui en revenaient décrivaient comme un paradis où tout était beau : les monuments, les fleurs, les femmes, où chaque boutique, chaque étalage constituait une œuvre d'art, où les théâtres, les restaurants étaient les premiers du monde, où les crépuscules d'été s'attardaient indéfiniment... Et à Paris, nous allions retrouver, ou connaître de nombreux parents et amis : les Huc, les Langellier-Bellevue, les Borde, les Pichevin, les Robert La Rougery et enfin Marcel.

Cette dernière partie du fabuleux programme qui nous attendait était certainement celle dont nous attendions le plus d'émotions et le plus de joies, et nous détournions notre imagination de l'hiver, peut-être cruel, de la vie plus étroite qui, forcément, serait la nôtre, pour ne songer qu'aux amitiés nouvelles, aux tendresses renouvelées qui s'offriraient en compensation à tout ce que nous abandonnions. Ma Marraine, Tante Anna Huc, qui s'était chargée de nous envoyer les vêtements de lainage qui désormais remplaceraient nos robes d'indienne et nos fraîches « gaulles », se faisait l'avocate de cette vie parisienne. Même avec des ressources modestes, disait-elle, on pouvait être élégante ; elle nous décrivait avec complaisance les belles toilettes qui avaient figuré au mariage de son fils Edouard avec Caroline Langellier-Bellevue et nous alléchait d'avance en nous disant que si nous avions malheureusement manqué cette fête de famille, nous pourrions au moins assister à la seconde puisque les fiançailles de Georges avec Henriette, la sœur cadette de sa belle-fille, étaient désormais officielles.

Nous savions en effet depuis assez longtemps que les Huc et les Langellier, liés déjà d'amitié à Saint-Pierre, voyaient se resserrer considérablement leur intimité, du fait de la double union de leurs enfants. On disait nos cousines ravissantes, l'une évoquant de façon surprenante les modèles de Greuze, l'autre faisant penser plutôt, avec ses boucles brunes, à Madame Vigée Lebrun. Nous étions aussi pressées de connaître nos cousines que les tableaux fameux dont elles semblaient descendues.

Nous nous séparâmes sans trop de regrets de nos bons vieux meubles d'acajou, ne conservant que quelques bibelots que nous emballâmes avec soin dans nos malles, nous réservant d'acheter à Paris tous les meubles et objets nécessaires.

Enfin vint le jour du départ et, bien entendu, il ne se fit pas sans une grande émotion. Nous sentions la force des liens qui nous rattachaient à notre petit pays et surtout à tous les parents que nous laissions aux Antilles. Quand reverrions-nous les Le Dentu ? tous les Despointes qui avaient pris tant de place, eux aussi, dans notre cœur et, surtout enfin, notre oncle et notre tante Marry et les Maurice Lange ? Une seconde naissance était attendue à Tumpuna et nous espérions que cette fois ce serait un garçon[1]. Combien d'années passeraient avant que nous puissions le connaître ? Ces pensées furent parmi les

---

[1] Espoir réalisé : le fils aîné d'Andrée, René Lange, est né le jour même de notre départ de la Martinique.

dernières qui nous agitaient quand nous vîmes disparaître notre île.

Le navire qui nous emportait, le « Pérou » était une des deux meilleures unités assurant alors le trafic des Antilles et nous partions en nombreuse compagnie. Il y avait d'abord notre groupe immédiat composé de huit personnes : Juana, ses trois filles, car, outre Renée et Madeleine, elle emmenait Rachel qu'à grand'peine ses oncles et tantes Despointes avaient consenti à lui confier pour deux ans ; puis nous trois : Maman, Lily et moi, et enfin une jeune bonne engagée comme cuisinière. Charlot, Lilie et leurs deux fils, Charles et Roger, voyageaient aussi avec nous et nous savions que mon frère et sa femme nous laisseraient leur fils aîné en attendant de nous confier aussi Roger. Il était difficile en effet, à ce moment-là, en Indochine, d'assurer aux enfants, aux garçons surtout, une solide instruction, et Charlot désirait avant tout, n'ayant pas de fortune personnelle, pourvoir ses fils de diplômes sérieux leur permettant de se faire une place au soleil. En fait, il songeait d'abord à l'Ecole Polytechnique, au moins pour l'un d'eux, et peut-être pour les deux. Mais, pour le moment combien fragiles et peu débrouillés matériellement nous semblaient nos neveux. A huit ans, Charles ne savait ni faire sa toilette, ni s'habiller tout seul, à plus forte raison Roger demeurait-il encore plus bébé ; nous faisions un peu honte à la pauvre Lilie d'avoir trop gâté ses enfants et elle nous promettait de se montrer moins « mère poule » pour le troisième, celui qu'elle attendait pour la fin de l'année et que, par antiphrase, l'on appelait « Désiré ». Hélas ! combien amèrement Charlot et elle regrettèrent ce surnom quand, dix-huit ou vingt mois après, le petit André, un ravissant bébé qui faisait leur joie, leur fut enlevé par une foudroyante gastro-entérite !

A notre groupe déjà important et qu'augmentait la famille de Louis La Rougery, se joignirent bientôt de nouvelles connaissances ; entre autres deux inspecteurs des colonies rentrant en France, monsieur Henri Saurin et monsieur Meray. La verve de l'un, l'affabilité de l'autre rendirent nos réunions plus agréables ; mais un personnage singulier attirait l'attention de tous les passagers. D'une élégance un peu trop raffinée, il avait grand soin de ses mains et, voulant les préserver du hâle, il portait continuellement des gants qu'il n'enlevait que dans la salle à manger ou après le coucher du soleil. Le nom de « Bolo-Pacha », qu'on nous dit être le sien, nous sembla aussi singulier que l'homme ; nous connaissions le nom de Monseigneur Bolo, mais qu'avait-il de commun avec ce « Pacha » d'Europe ? Le mystère ne nous fut révélé que quelques années après, en pleine guerre, quand le malheureux homme, peut-être moins coupable que d'autres, paya de sa vie des compromissions ou des affaires plus ou moins louches intéressant la sûreté nationale. Quant à son frère, monseigneur Bolo, personne n'entendit jamais plus parler de lui, alors que quelques jours auparavant, la chaire d'une grande église parisienne retentissait de son éloquence religieuse et patriotique. Nous débarquâmes à Pauillac le 12 juillet ; à ce moment-là, les grands navires ne remontaient pas encore la Gironde jusqu'à Bordeaux et on prenait, pour y arriver, un petit train. Quelle joie de tout découvrir, de tout deviner ! et « Que la France était belle au grand soleil de messidor !... » Dans les épis, nous cherchions à voir les bleuets, les coquelicots et nos voisins, monsieur Saurin et monsieur Meray, s'amusaient à nous « pousser des colles ». « Allons ! les petites créoles, qu'est-ce que cet arbre, qu'est-ce que cette plante ? » et nous ouvrions de grands yeux pour nous pénétrer à la fois de tout le paysage ; nous humions l'odeur du foin coupé, nous aurions presque voulu que ce pays eût un cœur vivant, un cœur de chair, pour le serrer contre notre cœur.

C'est à Paris que nous le sentîmes vraiment battre, deux ans plus tard, après la Marne, ce cœur de la France ! Mais dans le tout premier contact avec la capitale, c'est encore la Martinique qui nous accueillit. A la gare d'Orsay, toute la famille nous attendait. Embrassades, rires et larmes, attendrissements, tout cela se concentrait pour moi en une affreuse migraine et j'avais hâte de m'allonger au frais dans l'obscurité.

Pour nous rendre rue d'Edimbourg, à l'hôtel d'Ecosse où nous attendait madame Ragot, il fallait traverser la place de la Concorde ; nous reconnûmes au passage la Chambre des Députés et la Madeleine se faisant vis-à-vis et bien entendu l'Obélisque, et je suis bien sûre que si nous ne sentîmes pas tout de suite l'incomparable beauté de cette place, nous fûmes cependant saisies par la majesté des Champs Elysées que barrait au loin la haute porte de gloire de l'Etoile.

Deux cachets d'aspirine et un peu de repos eurent raison de ma migraine et, en attendant le dîner, je restais en contemplation devant le plan de Paris. C'était grand bien sûr ! très grand, mais peut-être pas si difficile que ça à explorer ; j'avais eu vite fait de constater, en effet, que tous les monuments ou toutes les rues dont on parlait souvent, se trouvaient dans un périmètre relativement peu étendu. Evidemment la rue Mizon, où habitaient les Huc que nous n'avions qu'entrevus, était assez loin et il faudrait prendre le métro, mais les Pichevin étaient tout près de nous, rue de Berlin, et même les Borde, boulevard Malesherbes. Tout près aussi, les grands Magasins du Printemps, des Galeries Lafayette, l'Opéra, la rue de la Paix. Ayant découvert sur le plan ce nom prestigieux, j'eus immédiatement le désir d'étonner un peu mes sœurs, Maman et Rachel, en leur proposant de les y conduire à pied, après le dîner. On m'avait dit que les étalages des bijoutiers faisaient penser aux trésors d'Ali Baba et je voulais voir tout de suite ces merveilles. Ma proposition agréée, nous voilà déambulant par les rues toutes les quatre, ou peut-être même toutes les cinq, et nous attardant à toutes les boutiques (avant la guerre de 1914, Paris était totalement éclairé jusqu'à minuit). Je me rappelle ma joie, celle de Lily et de Rachel, devant ces parures magnifiques de la rue de la Paix, notre ébahissement de trouver tant de richesses accumulées derrière de simples glaces. Et toutes ces histoires d'apaches et de cambrioleurs alors ? Où se passaient-elles ?

Fatiguées de notre journée, mais ravies de tout ce que nous avions déjà vu de Paris sans incident aucun et sous la garde de la bonne madame Ragot qui témoignait à Juana beaucoup d'amitié. Désormais son rôle auprès de Marcel n'avait plus de raison d'être puisqu'il aurait sa place au foyer de sa belle-mère, mais quelle reconnaissance on devait à cette excellente créature qui avait fait tout son possible pour lui adoucir l'exil !

Mon petit compagnon de Sainte-Marie avait maintenant seize ans ; c'était déjà un grand jeune homme bien bâti, très Despointes d'allure, mais avec quelque chose des de Wouves : les cheveux blonds très bouclés et surtout cette bouche mince qui, alors même qu'elle souriait, ne découvrait pas les dents. Grand dommage ! car Marcel avait des dents ravissantes. Des Despointes, il avait la haute taille, le large front, le nez aquilin et assez important. D'admirables yeux d'eau verte, à reflets d'or, éclairaient ce visage sérieux, trop grave peut-être pour un adolescent, car on y lisait parfois une inquiétude indéfinissable, une véritable angoisse. Ce ne fut pas tout de suite que je repris contact avec ce cœur ombrageux que la solitude, l'exil avaient trop concentré en lui-même. D'ailleurs Marcel restait en principe pensionnaire à Louis le Grand jusqu'à l'obtention de ses deux baccalauréats, mais les vacances allaient commencer qui nous rapprocheraient un peu. Nos premières sorties furent placées sous le signe de Mars : la revue du 14 juillet à Longchamp et le Carrousel de Saint-Cyr nous montrèrent l'armée française sous son aspect le plus brillant et le plus flatteur. Qui nous eût dit alors que, deux ans après, pantalons garance, gants blancs et casoars allaient disparaître dans une effroyable tuerie et qu'on verrait tous les hommes de France vêtus d'une couleur moins voyante, le bleu horizon ?

Pour le moment, nous n'avions à songer qu'à une chose, mais d'importance : notre installation, et il fallait faire vite pour ne pas trop dépenser à l'hôtel. Toute la besogne nous avait été mâchée d'avance par l'obligeante Tante Anna. Elle avait fait, dans le VIème arrondissement, que Juana avait désigné comme lui convenant le mieux à cause des écoles, une sélection des appartements à louer et il n'y avait plus qu'à les visiter et à choisir.

Dès le lendemain de notre arrivée, nous allâmes rue Mizon ; nous avions hâte de revoir nos cousins et leurs parents que, dans l'ahurissement de l'arrivée, nous avions à peine vus, et Juana désirait savoir un peu quelles orientations prendre.

L'accueil fut aussi affectueux que possible de la part de chacun ; Tonton Edouard nous posait mille questions sur la Martinique, Tante Anna nous bourrait de thé, de confitures et de gâteaux, mais malgré tout, nous ne nous lassions pas de regarder nos cousins (que nous trouvions très jolis garçons et charmants) et surtout Caroline. Henriette était, avec sa mère, au Paty, la propriété que, depuis quelques années, les Langellier-Bellevue avaient achetée et nous étions déçues de ne pas la voir. « Si vraiment elle est aussi bien que sa sœur, pensions-nous, eh bien, nos cousins ont eu la main joliment heureuse ! » Nous ne tardâmes pas à savoir jusqu'à quel point, en effet, on pouvait les féliciter et se réjouir de leur bonheur.

L'appartement qui fixa le choix de Juana était situé à l'angle de la rue Madame et de la rue de Fleurus, à deux pas du Luxembourg. Cinq chambres, un immense salon, une grande salle à manger, dont toutes les fenêtres donnaient sur un balcon d'angle, le composaient ; mais il n'y avait aucun système de chauffage et une seule salle de bains servirait aux usages de toute la famille. Si seulement il eût été chauffé, il est fort probable que Juana y serait encore ; la situation vraiment charmante, la commodité des pièces et la clarté qui l'inondait (sauf dans la seule petite chambre sur la cour qu'on avait réservée à Marcel qui l'occuperait peu) nous y attachèrent très vite. Mais, par une curieuse aberration, qu'on comprend bien peu maintenant, nous ne cherchâmes jamais à nous chauffer convenablement et vint le moment où, ne pouvant plus supporter le froid qui y régnait, nous transportâmes ailleurs nos pénates. A vrai dire, la faute en revient à la fois aux circonstances et à notre inexpérience. Même sans chauffage central, nous aurions pu faire installer quelques poêles à bois et une salamandre comme, depuis la Seconde Guerre, tant de Parisiens, privés du confort assuré directement par les immeubles, ont dû le faire. Mais on nous avait dit qu'il n'était pas sain de chauffer les chambres et, dociles au conseil, nous supportâmes, sans rechigner le moins du monde, de vivre dans un vaste appartement dont la seule source de chaleur était la cheminée de la salle à manger où brûlait, dans la journée seulement, un feu de boulets. Faut-il s'étonner des engelures affreuses qui, dès l'automne, m'affligèrent et me détruisirent peu à peu les ongles durant les années de guerre où je souffris particulièrement de ne point ménager mes mains dans le service d'une cantine ouverte aux réfugiés du Nord et de l'Est ? Ce fut là d'ailleurs le seul tribut que nous payâmes à l'acclimatement et j'admire que, dans de telles conditions, nous nous soyons adaptés, les uns et les autres, si facilement au climat de Paris.

Les meubles achetés à la hâte et tous ensemble, hélas ! à la Samaritaine, alors que, pour le même prix, nous aurions pu nous meubler chez les antiquaires qui à ce moment-là avaient moins de prétentions que maintenant, nous semblèrent très jolis. Tonton Joseph Bellevue, seul, avait osé protester contre notre projet ; il nous avait fait voir chez lui, rue du Bac, ses beaux fauteuils, ses charmants guéridons, mais pour se procurer tout cela il fallait du temps ; il fallait apprendre à voir d'abord, à apprécier les belles choses, à comparer les prix, à ne pas s'en laisser conter ; flâner, en somme dans ces rues du VIème arrondissement où se concentrait alors le commerce des meubles anciens, cueillir ici ou là une armoire, une table, un siège, attendre de trouver ce qui compléterait le mobilier d'une chambre, en un mot, ne pas être pressé le moins du monde ; or, nous l'étions terriblement. Les regrets ne vinrent que plus tard, quand, l'éducation de l'œil étant faite, nous pouvions comparer notre « érable satiné » ou notre « noyer ciré frisé » (ne pas oublier frisé) avec le bon vieil acajou patiné ou tous les bois fruitiers que, maintenant, nous admirions chez les autres, ou encore aux étalages de la rue du Cherche-Midi ou des Saints-Pères. Car nous avions le temps de nous promener, alors même que, les vacances finies, la vie sérieuse avait commencé pour les plus jeunes. Le 24 septembre nous avions accom-pagné à la gare Charlot et Lilie qui n'emmenaient que le seul Roger ; d'accord avec eux nous avions fait inscrire Charles à un cours de garçonnets où il pourrait combler quelques lacunes avant d'entrer au lycée Montaigne. De leur côté, Renée et Madeleine étaient entrées à l'Institut Notre Dame des Champs, à défaut du cours Dupanloup visé par Juana et qui avait tout juste déménagé pendant les vacances. Ma sœur n'eut pas lieu de regretter pour ses filles ce changement, car elles se plurent beaucoup à « l'Institut » ; mais plus tard, nous eûmes l'occasion de connaître assez bien le cours Dupanloup où entrèrent comme pensionnaires Lily, Ti Co et plus tard Aline Despointes, et les circonstances étaient telles à ce moment-là que ce fut là l'origine d'une intimité qui n'a fait que grandir, en nous apportant sans cesse de nouvelles joies, mais n'anticipons pas outre mesure sur les événements.

L'automne qui, cette année-là, fut très beau, nous enchanta. Albert des Chaumes n'avait pas manqué de nous recommander d'aller le voir à Versailles et lui-même s'était fait notre guide, car dès notre installation rue Madame, et peut-être même avant, nous avions reçu sa visite. Myope, timide et embarrassé par la situation romanesque où il se trouvait vis-à-vis de Lily, il sut vaincre tous ces obstacles pour poursuivre le but qu'il s'était proposé : conquérir la jeune fille qu'il connaissait le mieux, sans l'avoir jamais vue (la seule même qu'il connût un peu probablement) et fonder une famille.

    Doucement, il gagna notre estime, puis notre affection et s'installa dans notre intimité. Avec lui, nous avions donc visité les musées, les expositions, parcouru la banlieue ; les feuilles d'abord vertes, puis dorées ou pourpres s'en étaient allées ; les dahlias, puis les chrysanthèmes s'étaient fanés au Luxembourg et la première neige était tombée pour notre plus grande joie. Renée et Madeleine croyaient que tout gèlerait immédiatement, puisque c'était l'hiver ; on découvrit qu'elles mettaient consciencieusement une partie de leur petit déjeuner sur le balcon pour avoir « de la glace au chocolat » et qu'elles étaient très déçues de le retrouver liquide. Elles attendaient Noël avec impatience ; certes elles ne croyaient plus au « petit Jésus ou au Père Noël » qui passe par la cheminée, mais elles espéraient bien qu'on ferait une fête un peu spéciale, avec du houx et du gui qu'elles ne connaissaient pas, peut-être un arbre de Noël avec un vrai sapin. Ce que nous apporta cette fin d'année 1912, ce fut d'abord la naissance en Indochine d'un troisième petit Dujon qui reçut le nom d'André et surtout les fiançailles de Lily. A cette occasion, nous fîmes la connaissance de madame des Chaumes et de ses deux autres fils que nous ne connaissions pas encore : Louis et Paul. Leur appartement rue Bonaparte était exactement à l'image de la famille : strictement clos, obscur, laissant à peine deviner les belles choses qu'il renfermait. Madame des Chaumes nous fit un aimable accueil ; bien que la responsabilité d'avoir élevé ses fils sans l'ombre de gaîté, de fantaisie, d'abandon, presque sans contact avec la vie, puisse lui être imputée, personne n'aurait pu songer à lui reprocher le moindre manque de savoir-vivre. Il éclatait aux yeux les moins avertis que l'humus où la famille avait poussé, à l'ombre, était fait de nombreuses couches de vieille bourgeoisie ou même d'aristocratie et que, si nul ne songeait à briller en quoi que ce soit, il n'en était pas moins vrai qu'une culture sérieuse et étendue aurait permis à chacun de le faire s'il le voulait. C'est surtout en bonté et en délicatesse envers sa belle-fille que brilla plus tard madame des Chaumes et ma sœur Lily ne cesse de chérir son souvenir.

Renée Dormoy-Léger

Souvenirs de la Guadeloupe

L'HABITATION BOIS-DEBOUT[1]

L'immigration indienne

Je crois me souvenir que c'est en 1852 que l'Angleterre autorisa aux Antilles françaises l'immigration indienne[2]. C'était le bas peuple de Calcutta et de Pondichéry qui nous était envoyé fuyant la misère et la famine. Ils étaient de race fine et parmi eux il y en avait beaucoup d'un joli type. Chaque convoi était composé, il me semble, de 7 à 800 Indiens, embarqués sur un grand navire à voiles qui mettait plusieurs mois à faire le trajet. A leur arrivée à la Pointe-à-Pitre, ils étaient débarqués à Fouillol[3], à peu de distance de la ville, dans une sorte d'immense hangar où ils étaient parqués comme des animaux, couchant pêle-mêle par terre sur des couvertures. On en faisait des lots de dix que l'on répartissait entre tous les « habitants » (c'est ainsi que depuis le début de la colonisation étaient appelés les colons et ce nom leur est resté).

---

[1] [Située sur la Basse Terre, plus précisément sur la commune de Capesterre, à 1km de la côte, la plantation *Bois-Debout* (exploitation sucrière) avait été achetée par les parents de Renée Léger, Paul et Anne Dormoy (née Le Dentu) en 1870. Renée, qui était née à Basse-Terre, avait alors six ans. C'est sans nul doute la plus belle propriété de l'île. On en trouve des reproductions photographiques à la Fondation Saint-John Perse, Aix-en-Provence, ainsi qu'au Musée Saint-John Perse de Pointe-à-Pitre, rue de Nozières. Cette propriété est encore aujourd'hui entre les mains de la famille Dormoy. Le bâtiment principal de l'habitation est intact, mais la substitution de la banane à la canne à sucre a quelque peu changé le paysage environnant.]
[2] [L'abolition de l'esclavage, en faveur de laquelle Victor Schœlcher sous-secrétaire d'Etat aux Colonies avait courageusement milité, fut décidée par le décret du 4 mars et confirmée par celui du 27 avril 1848.]
[3] [Fouillol était à l'époque un faubourg de Pointe-à-Pitre, particulièrement malsain. Assaini depuis, Fouillole, écrit avec un e final, est devenu un quartier de Pointe-à-Pitre, au sud de l'usine Darboussier. Il accueille aujourd'hui l'Université.]

Les propriétaires de toutes les habitations de l'île venaient choisir chacun son lot selon ses besoins et son goût. Il fallait parfois tirer au sort. Les enfants étaient donnés par-dessus le marché. Chaque Indien était payé 1500 f à l'Inde (peut-être pour contribuer aux frais du voyage, je ne m'en souviens pas) et contractait un engagement de cinq ans. Il appartenait à « l'habitant » comme un esclave, mais sous la garde d'un syndic chargé de voir si de part et d'autre les engagements étaient bien tenus. Je me souviens d'être allée une fois avec mon père à Fouillol pour choisir son lot et avoir insisté pour l'un d'eux qui comprenait deux fort jolis adolescents ; ma mère en fit de gentils domestiques. Ils étaient tous vêtus de pagnes de couleurs vives et les femmes avaient des bijoux énormes aux oreilles et aux narines, aux chevilles des bracelets ainsi qu'aux bras. Une barge les transportait à Sainte-Marie où une grande charrette les transportait pour les conduire au *Bois-Debout*[1]. A peine arrivés sur la propriété, on donnait à chaque homme un pantalon, une chemise, une casaque en laine, un coutelas, une houe et quelques ustensiles pour cuire leur riz et leur colombo.[2] Aux femmes, une robe ample sans taille qu'elles ajustaient avec une cordelière, une chemise, et à tous des chapeaux de paille. Ces malheureux souvent beaux dans leur costume indien changeaient d'aspect en vêtements de travail et, assez vite usés par le travail et la fatigue, ils enlaidissaient, les femmes surtout. Mais pas tous[3].

Tous volaient d'instinct et facilement incendiaient, mais les vols avec effraction, les meurtres et assassinats n'existaient pas

---

[1] [Sainte-Marie se situe sur la côte orientale de la Basse-Terre, non loin de Capesterre. C'est là que la tradition situe le premier débarquement sur l'île de la Guadeloupe de Christophe Colomb.]
[2] [Le colombo est le plat traditionnel créole : court bouillon épicé au curry dans lequel on fait cuire viande de poulet ou de cabri, ou encore poisson. Son nom et son assaisonnement au curry en indiquent l'origine indienne.]
[3] [Cf. Victor Schœlcher : « L'immigration indienne consomme presque autant de créatures humaines qu'en consommait autrefois l'esclavage. » (*L'immigration aux colonies*, 1863) Voir aussi Armand Corre, *Nos Créoles*, 1890, « Les origines de la population », texte établi par Claude Thiébaut, l'Harmattan, 2001, p.7–47.]

parmi eux vis-à-vis des blancs ; aussi vivait-on tranquille, portes ouvertes nuit et jour sur toutes les propriétés.

L'immigration annamite

Il n'en fut pas de même lorsqu'on essaya de l'immigration annamite[1]. L'Annam trouva simple et commode de profiter de l'occasion pour se débarrasser de bandits, de pirates encombrants et surtout de prisonniers malfaiteurs qui leur coûtaient des frais. Aussi à peine furent-ils introduits à la Guadeloupe que celle-ci fut terrorisée par eux, d'autant plus qu'elle n'avait qu'une bien faible police pour la défendre.

A peine installés sur les propriétés, tous ces bandits s'enfuirent dans les bois du Carbet où ils se cachaient et vivaient de vols et de rapines exécutés chaque nuit. Non seulement ils dévalisaient les poulaillers, les bergeries, les porcheries, les lapinières, les potagers et les champs de « vivres », mais ils s'introduisaient dans les maisons de la façon suivante : par les persiennes toujours entrouvertes à cause de la chaleur ou par le trou des serrures, ils insufflaient des vapeurs d'opium et, lorsque tout le monde était bien lourdement endormi, ils pénétraient et sans hâte s'emparaient de tout ce qui leur plaisait. C'est ainsi qu'un matin, à neuf heures, mon père, n'entendant pas sonner la sortie des travailleurs, alla voir ce qui se passait et trouva un « économe » si fortement endormi que ce ne fut qu'à midi qu'il ouvrit enfin un œil et tout ce qu'il possédait dans sa chambre, sauf les meubles, avait disparu.

Deux jours après, ce fut le tour d'un autre employé qui lui, moins endormi, avait pu se réveiller au son de la cloche, mais s'était trouvé dans l'impossibilité de sortir, tous ses vêtements et ses chaussures lui ayant été volés. Il ne lui restait absolument que sa chemise de nuit. Le presbytère de la Capesterre fut cambriolé : tous les calices, ciboires, ostensoirs avaient disparu et même les Saintes Huiles avec lesquelles ces brigands mangeaient de la morue provenant d'une épicerie dévalisée. Aux ordres de l'un d'eux, qui était leur chef, ils s'étaient tous

---

[1] [Le chapeau traditionnel des pêcheurs de l'île des Saintes, en forme de pagode, est d'origine annamite.]

regroupés dans les forêts du Carbet. Les quelques gendarmes en poste dans les bourgs de la région étaient absolument impuissants à les maîtriser.

Alors, tous les « habitants » de la Capesterre décidèrent d'agir eux-mêmes et une grande battue fut combinée par eux. Je me souviens fort bien de leur départ du *Bois-Debout* tous à cheval à six heures du matin, suivis de leurs plus fidèles et robustes travailleurs nègres et indiens, ceux-ci armés, non pas comme eux de revolvers et de fusils, mais de coutelas bien aiguisés. Ma mère n'était pas sans inquiétude sur cette expédition et la journée lui parut longue. Les bandits avaient pu être cernés et serrés de plus en plus près. Au moment où l'on croyait capturer le chef, celui-ci se précipita du haut d'une énorme falaise de plus de cent mètres qui dominait le torrent. Il se laissa glisser rapidement s'accrochant aux solides et magnifiques lianes qui tapissaient les parois et disparut dans l'eau. Sans perdre une minute, un vaillant nègre se jeta après lui, usant des mêmes moyens et au fond, sur la berge, une lutte terrible s'engagea entre les deux hommes de force égale. Un Indien les rejoignant et aidant le nègre, l'Annamite fut enfin immobilisé puis ligoté avec des cordes jetées d'en haut que l'on avait eu la précaution de porter.

Plus loin, au haut de la falaise, plusieurs autres bandits furent pris par nos hommes, ce qui décida tous les autres à se rendre, sauf quelques-uns qui purent se sauver.

A neuf heures du soir, toute la caravane arriva au *Bois-Debout* avec plusieurs prisonniers, les autres ayant été conduits directement à la Gendarmerie. Fortement ligotés, ils s'étaient accroupis sous la galerie, roulant des yeux terribles, grinçant des dents et effrayants à voir. Le chef avait aux mains des ongles comme des griffes d'une longueur démesurée, ce qui nous avait particulièrement impressionnés, nous les enfants qui avions hâte de les voir s'éloigner.

Peu après, ils furent tous rapatriés et tout le pays bénit les « habitants » de la Capesterre qui les en avaient débarrassés[1].

---

1   [L'immigration d'engagés annamites et japonais a été plus tardive et moins durable que celle des Indiens ; commencée en 1894, elle a été l'occasion de troubles graves nés notamment des conditions de vie et de travail qui leur étaient imposées. Devenus de véritables parias, errant dans les rues de Pointe-à-Pitre, agressés par les Créoles, ils

Les Indiens de la propriété[1]

Voici les noms des Indiens qui m'ont le plus marquée dans ma jeunesse :

Arnasalon qui était le grand prêtre. Il exerçait une véritable autorité sur tous les Indiens de la région. Il avait obtenu de mon père la construction d'un petit temple où il avait déposé un beau Bouddha rapporté de l'Inde, petit temple qui n'était qu'une petite masure, toujours fermée à clé et qui attirait ma curiosité d'enfant. Que de fois j'ai risqué un œil par le trou de la serrure, et je ne parvenais à apercevoir qu'une petite lampe allumée devant l'idole. Ce petit temple était au bas de la grande savane de *Bois-Debout*[2]. A gauche, un énorme mât planté en terre et au bout duquel flottait un petit drapeau rouge était le point de ralliement. Il se voyait de loin et tous les Indiens des environs savaient que là était leur dieu. Ils y accouraient nombreux et de loin pour les cérémonies religieuses, trop compliquées pour que je puisse en parler ici. Arnasalon avait été choisi par mon père pour être le chef de tous les Indiens du *Bois-Debout*. C'était le « mestry » ? (mot indien qui signifie chef).

Sa femme, **Minatchy,** l'aidait et préparait tout pour les cérémonies religieuses et, tous les soirs, au crépuscule, on la voyait se rendant au temple pour y renouveler l'huile de la lampe. A elle, comme à son mari, un poste de confiance avait été donné. Elle était « l'hospitalière » et soignait les Indiens admis à l'Hôpital. C'est elle qui venait la nuit appeler ma mère pour baptiser ceux qui réclamaient ce sacrement avant de mourir.

Leur fils, **Vingadalon,** âgé de 14 ans, aidait à garder le troupeau composé de quelques vaches laitières et surtout de bœufs pour la charrue et les charrettes.

---

seront presque tous rapatriés avant la fin de 1896. Cf. Oruno Lara, *La Guadeloupe dans l'Histoire*, 1921, réédité chez l'Harmattan en 1979.]

[1] [Les Indiens étaient appelés « coolies Malabar », en référence à leur origine géographique.]

[2] [La savane est le mot local pour désigner la vaste pelouse située à côté de la maison de maître.]

Sinétamby conduisait chaque jour le camion à Sainte-Marie (où débarqua Christophe Colomb) pour y chercher tout ce dont on avait besoin sur la propriété et qui était apporté par les « barges » venues de la Pointe-à-Pitre[1].

Ramsamy était l'homme de confiance de mon père car il était beaucoup moins voleur que les autres qui l'étaient tous. Il commit un jour un acte de grand dévouement vis-à-vis de mon père dont toute la famille lui garda de la reconnaissance. Il travaillait dans un immense champ de terre labourée où mon père venait d'arriver à cheval pour faire la tournée matinale. A peine celui-ci avait-il mis pied à terre pour causer avec Ramsamy qu'un taureau fou furieux arriva au grand galop droit sur lui ; il se croyait perdu lorsque son brave Indien s'interposa entre le taureau et lui, essayant d'effrayer la bête furieuse avec son madras[2] qu'il avait vite relâché de sa tête et dont toute la famille lui garda de la reconnaissance ; mais ce fut lui qui fut atteint par les cornes du taureau et eut le ventre ouvert de haut en bas. Mon père qui (très impressionnable) n'avait jamais pu voir une plaie ouverte eut le courage de se dominer et de remettre en place tous les boyaux qui reposaient à terre, à côté de l'homme évanoui, mais après en avoir essuyé avec son mouchoir toute la terre qui y était collée. Avec le madras, il attacha fortement le ventre et ordonna à l'homme de ne pas bouger jusqu'à ce qu'il revienne. En hâte, il alla chercher une voiture, y mit le pauvre blessé qu'il transporta à l'hospice de la Capesterre. Le malheureux faillit mourir mais, bien soigné, guérit complètement.

Agée de neuf ans, j'avais bien failli assister au drame et qui sait si ce n'est pas moi qui aurais été victime du taureau. Je devais ce matin-là accompagner mon père sur ma petite monture d'enfant, une jolie ânesse noire appelée Pichotte et qui était encore plus têtue que toutes ses pareilles. Elle n'avait jamais voulu partir ce jour-là et mon père, très pressé, avait

---

1 [Les « barges » sont de simples canots de pêcheurs.]
2 [Le « madras » est un tissu de coton à gros carreaux d'origine indienne. Le costume créole actuel a été importé par les Indiens.]

renoncé à m'emmener avec lui. Je possède encore le manche de ma petite cravache d'enfant[1].

Coutoumoutou a été la terreur de mon enfance et celle de mes jeunes frères et sœurs. Très paresseux, il se refusait absolument à cultiver la terre et même à faire quoi que ce soit. Pour échapper aux punitions, il s'enfuyait dans les bois où il demeurait caché durant de longues semaines, vivant de fruits, de malangas et d'ignames auxquels il ajoutait ce qu'il arrivait à dérober de poulets la nuit.

Mon père avait promis une prime à qui lui ramènerait Coutoumoutou ; aussi le rattrapait-on toujours, mais, peu de jours après, il se sauvait de nouveau, car il était incorrigible. Lorsqu'on le ramenait ligoté, il demeurait accroupi sous la véranda de la maison jusqu'à ce que mon père arrive et nous les enfants, derrière les persiennes, nous observions avec terreur son air féroce et ses gros yeux blancs qu'il roulait terriblement et qui contrastaient avec sa peau très noire. Il rugissait lorsqu'il voyait apparaître mon père sa cravache à la main. Après avoir reçu une raclée sur les fesses il demandait pardon, mais combinait déjà sans doute comment il s'y prendrait pour « partir marron » de nouveau (c'était le terme consacré parmi les travailleurs nègres et indiens). Tout homme caché dans les bois était un « nègre marron » ou un « Indien marron ».

Kahemkan, comme Coutoumoutou, n'a jamais fourni aucun travail mais lui était paresseux, non par vice, mais par défaut de santé. Il était arrivé à un tel état de maigreur que lorsqu'il circulait à peu près nu, avec comme seul vêtement un tout petit pagne au bas du ventre et appuyé sur un long bâton, il personnifiait absolument « la mort », car il était semblable à un squelette. Aux heures des repas, il se rendait près de la maison, à la porte de l'Office, son « couï » (sorte d'écuelle) à la main qu'il tendait sans cesse aux domestiques qui nous servaient[2]. Ceux-ci lui servaient tout ce qui restait dans les assiettes, c'est-à-dire principalement les os que Kahemkan craquait comme un

---

[1] [L'animal est resté un certain temps dans la mémoire familiale. Dans une lettre d'enfance (1895, il a huit ans), Alexis Léger termine une lettre à sa mère en l'embrassant « à la Pichotte ».]

[2] [La calebasse, fruit du calebassier, coupée en deux donne deux « couïs » ou « couïls », récipient utile à toutes sortes d'usages.]

bouledogue. Il était doué d'une dentition parfaite et extraordinaire qui lui a sauvé la vie car c'est grâce à elle que cet homme, condamné, pouvait broyer même les os de côtelettes de mouton qui lui mettaient des phosphates dans l'organisme. Jusque dans la salle à manger, nous entendions le croc-croc de ses mâchoires, exactement comme celles de Rap et de Fly, les deux chiens qui partageaient avec lui ce qui sortait de nos nombreuses assiettes. Peu à peu, son squelette se couvrit de chair et il revint à la santé. Il fut alors décidé qu'il se mettrait au travail, mais sa paresse était telle qu'il fut pris de désespoir et le soir même alla incendier notre plus belle « case à bagasse »[1], ce qui lui assura la prison et le « far niente ».

Assilvadou avait douze ans ; son rôle consistait à se tenir derrière mon père lorsqu'il était à table et, muni d'une branche d'arbre souple, à lui chasser les mouches sur la tête, car il était chauve et s'énervait du chatouillement des mouches.

Deux autres petits Indiens, fille et garçon, nous servaient à table admirablement et ma mère, sans parler, les conduisait à l'œil. Jolis tous deux, ils s'appelaient **Ady** et **Anopia**. **Radia**, sœur d'Anopia, était au service de ma grand-mère pour aider la femme de chambre[2].

Choupouchéty était le cocher de mon grand-père au Matouba[3].

Héoussapamodely, le plus beau danseur des jours de fête.

Govindin, un vieux grognon, toujours appelé pour emporter les enfants méchants.

Moutoucavoudin excellait à faire des délicieux « colombos » au cary, très pimentés.

Deux terribles rivaux **Virapin**[4] et **Moutousamy**, fort épris de la belle **Aïma,** s'étaient battus une nuit à grands coups de coutelas pour cette femme de Calcutta. L'un d'eux ayant le

---

[1] [La bagasse est la paille qui reste de la canne broyée. Elle sert à beaucoup d'usages, en particulier à l'engrais.]
[2] [Il s'agit de Clelia Pedemonte, épouse de Charles Le Dentu, surnommée Morra.]
[3] [Il s'agit de Charles Antoine Salomon Le Dentu (1801–1885), avocat-avoué à Basse-Terre, longtemps maire et conseiller général, Président de la chambre d'agriculture de la Basse-Terre. Il a vécu ses dernières années sur son habitation, *La Joséphine*, située au Matouba.]
[4] [Ou Jirapin ? Illisible.]

crâne fendu, vint s'abattre sous la véranda de notre maison ; ses gémissements nous réveillèrent et ma mère, toujours courageuse et bonne, s'empressa de descendre. Mon père était absent. Elle trouva le blessé, presque mourant, gisant dans une énorme mare de sang ; « Maman », soupirait-il tout le temps. C'est ainsi que tous les Indiens de l'habitation appelaient ma mère. Jusqu'au matin, elle lui prodigua des soins. Lorsqu'il fut guéri, il n'eut plus qu'une idée, celle de se venger de cette femme qui avait failli lui coûter la vie. Une nuit donc, introduit auprès d'Aïma, il lui jeta dessus le contenu d'une bouteille de pétrole, y mit le feu et s'enfuit après avoir fermé la porte à clé. Les cris de la malheureuse ameutèrent tout le village indien. On la délivra, mais couverte d'affreuses brûlures. Là encore, le dévouement de ma mère s'exerça, mais vainement, car trois jours après elle mourait. Le criminel fut condamné très sévèrement. La mort d'Aïma fut un grand événement pour les Indiens qui l'admiraient beaucoup. Beaucoup de pleureuses firent entendre leurs cris autour d'elle et lorsqu'elle fut en terre, les provisions ne cessèrent pendant un mois d'abonder sur sa tombe où, tout impressionnés pourtant, nous allions souvent mes frères et moi jeter un coup d'œil. Nous y trouvions des bouteilles de lait, des noix de coco, des pattes de bananes[1], du sucre et toutes sortes de choses toujours renouvelées.

Maïti, le vieux jardinier de mon grand-père, à la *Joséphine,* était le premier immigré ayant posé le pied sur le sol de notre île.

Béty, l'amoureux de **Pehchaï,** au nez en trompette, se rendait à Saint-Claude à deux kilomètres de la *Joséphine,* tous les jours, quel que soit le temps, souvent horrible, pour porter la correspondance à la poste.

Lorsqu'un jeune mouton ou cabrit[2] était immolé en holocauste devant le Bouddha, c'était toujours **Vingadassamy** qui lui tranchait la tête d'un vigoureux coup de coutelas. Il avait été choisi comme le plus adroit pour cette besogne.

---

[1] La patte de banane, appelée aussi main, est un groupe de bananes à l'intérieur du régime.
[2] Le mot s'écrivait ainsi et le t était sonore.

Les fêtes indiennes

Parlons maintenant du « Pangol » qui était la grande fête annuelle des Indiens auxquels on donnait pour l'occasion trois ou quatre jours de congé.[1] Ils se préparaient par des jeûnes et des prières à leurs étranges cérémonies. Le grand prêtre et sa femme disparaissaient et se tenaient enfermés chez eux dans le silence absolu s'abstenant de toute nourriture et parvenaient comme les fakirs à une sorte d'exaltation impressionnante, en même temps qu'à une insensibilité complète. Et le jour de la fête, Arnasalon, aux yeux de tous marchait pieds nus sur de nombreux coutelas enfoncés en terre sur le dos, coutelas très effilés et coupants, et ne se faisait pas une égratignure. Minatchy se mettait dans la bouche des charbons incandescents sans ressentir la moindre brûlure. Elle se traversait la langue d'énormes aiguilles sans qu'une seule goutte de sang ne surgisse. Pendant plusieurs jours, elle gardait les deux joues transpercées d'une sorte d'énorme épingle de sûreté en fer. Tout cela, je l'ai vu. Ils faisaient encore bien d'autres choses curieuses, mais je n'arrivais pas à tout voir, mes parents ne s'en souciant pas. Lorsque j'apercevais quelque chose, c'est que j'arrivais à désobéir et à me glisser à côté de nos domestiques qui voulaient tout observer. D'autres qu'Arnasalon et Minatchy faisaient comme eux et disaient qu'ils pouvaient tout braver car leur Dieu, descendu en eux, avait pris possession d'eux.

Durant l'un de ces neuf jours de Pangol, le temple était ouvert et tous les Indiens des propriétés voisines, accourus nombreux, assistaient aussi aux prières et au sacrifice d'un jeune mouton ou cabrit que l'on immolait. Puis, devant le temple, s'organisait un immense banquet. Des feuilles de bananes fraîches et vertes étaient déposées par terre en rond sur la Savane comme on dresse un couvert. De grands traits[2] de riz et une grande marmite de colombo étaient apportés et une part

---

[1] [La fête avait lieu en janvier. L'expression « jodi an moin en pangol » (« aujourd'hui je fais la fête ») est encore bien connue des gens de la campagne.]

[2] [Plateaux. S'écrit aussi trays.]

de ces mets était déposée sur chaque feuille de banane. Assis par terre, les jambes croisées, tous mangeaient avec les mains. Où auraient-il pris, pauvres gens, des écuelles et des fourchettes pour tant de monde ? Je crois même qu'ils n'en auraient pas souhaité étant habitués à manger avec les mains, comme les nègres du reste. Mon père, ce jour-là, leur offrait de son bon tafia, fabriqué sur la propriété et, le soir, beaucoup d'entre eux étaient ivres.

Le neuvième jour, c'étaient les danses en grand costume, ce qui occasionnait beaucoup de désordre sur la propriété ; aussi mes parents étaient-ils soulagés lorsque tout était rentré dans l'ordre.

A cette époque de mon enfance, tout le rêve d'un nègre était de posséder une paire de chaussures, ce qui le relevait à ses yeux en le rapprochant du blanc, aussi un certain nombre d'entre eux arrivaient-ils à s'en acheter, mais c'était pour eux un tel instrument de supplice[1] que lorsqu'ils allaient le Dimanche à la messe ils faisaient la route nu-pieds portant leurs chaussures, attachées ensemble au bout d'une canne sur l'épaule, et devant la porte de l'Eglise on les voyait tous se chaussant avant d'entrer et s'empressant de les enlever aussitôt la cérémonie terminée. Mais, peu à peu, ils s'y habituèrent et un certain nombre d'entre eux arrivaient à marcher chaussés. Comme ils trouvaient que cet article coûtait cher et qu'ils redoutaient de les user, ils avaient inauguré un système : ils n'usaient pas les deux à la fois, mais tantôt l'une tantôt l'autre, ce qui fait qu'on ne les voyait guère que chaussés d'un pied seulement.

Quant aux tout jeunes qui n'étaient pas bien riches et arrivaient difficilement à se payer une paire, ils s'associaient pour en acquérir une paire pour deux. Chacun d'eux ne possédait donc qu'un soulier et le Dimanche, du haut de la galerie du *Bois-Debout*, c'était un amusement pour nous de les voir passer, se rendant au Bourg en boitillant.

---

[1] [Une ordonnance de Louis XVIII du 18 mars 1818 faisait « interdiction aux Noirs de porter les chaussures. »]

La canne à sucre

Le sucre jouait un grand rôle dans notre vie d'enfants. Non seulement c'était une grande distraction pour nous de suivre sa fabrication depuis le moment où il passait au moulin jusqu'à ce que, bien en grains, il fût mis dans d'énormes « boucauts » transportés à la Pointe pour être expédiés, mais nous nous en régalions sous toutes ses formes. Grimpés sur l'énorme pile de cannes prêtes à être broyées au moulin, nous en sucions à pleines bouches jusqu'à en avoir les coins des lèvres fendues. Puis nous buvions le jus à peine cuit, « le vesou ». C'était ensuite le sirop qui constituait notre goûter avec une belle miche de pain que nous trempions dedans. Au dessert paraissaient sur la table de grands pots de « colle », laquelle représentait le sucre presque cuit, ce qui était une vraie friandise. Dans l'immense chaudière où cette colle cuisait à gros bouillons, nous chargions les hommes qui étaient employés de faire cristalliser pour nous des patates douces, des bananes, du pain, certains autres fruits, le tout exquis. Lorsque cette colle était suffisamment cuite pour se cristalliser en refroidissant, elle était versée dans les boucauts et nous intéressait beaucoup moins. Lorsque, nous dérobant à la surveillance de nos bonnes, nous abusions de ces sucreries nous attrapions des « guiguites volantes » et nous étions bien punis par la diète qui nous était imposée.

Le manioc[1]

La fabrication de la farine de manioc, quoique bien moins importante, était pleine d'attraits pour nous. Dès le matin les négresses, assises par terre devant de grosse piles de ces tubercules, les raclaient avec un couteau pour en enlever la peau (ce qu'elles appelaient « gratter manioc »). Nous étions autorisés à les aider, à condition de posséder un petit couteau. A la nuit, les hommes arrivaient, la case à farine s'éclairait de fanaux et s'emplissait de mouvement, de gaîté et de tambours

---

[1] [« A droite/on rentrait le café, à gauche le manioc », Saint-John Perse, « Pour fêter une enfance » III, dans *Eloges*, *O.C.*, p.25.]

au son desquels le râpage du manioc s'opérait sur d'énormes râpes. L'opération se poursuivait au milieu de chants, de danses qui donnaient de l'entrain aux travailleurs. C'est ce qu'ils appelaient « grager manioc ». La pulpe au fur et à mesure était jetée dans de grands baquets d'eau où elle trempait jusqu'au lendemain matin. On la séchait alors pour la passer au tamis et, chose étonnante, cette eau dans laquelle elle avait baigné était un poison violent, alors que le manioc cuit constitue la base de la nourriture des nègres et figure sur la table de tous les blancs. Les porcs sont très friands de cette eau qui les tue en deux heures comme des mouches, aussi faut-il bien les surveiller pour les empêcher de se diriger vers la case à farine. Tous les jeunes porcs poussaient en liberté dans le village nègre.

En dernier lieu, la fécule appelée moussache[1] était recueillie à part et la farine cuite sur d'énormes platines à l'aide de palettes qui l'agitaient sans cesse. Et souvent, pour nous faire plaisir on nous faisait des « cassaves » délicieuses et de la farine moussache avant que la platine ne soit complètement refroidie. Nous aimions beaucoup cette « farine moussache » dans le chocolat du matin.

LA BASSE-TERRE

Pour les jours gras, la famille se rendait au complet chez mes grands-parents à La Basse Terre et c'était une grande fête pour nous de jouir du Bœuf gras, des masques, souvent bien loqueteux, du « Boisbois », des beignets et de toute la gaîté dont nous aurions été privés à la campagne.

Une autre circonstance nous ramenait à la Basse-Terre, c'étaient les fêtes de la Semaine Sainte et de Pâques. Chez ma grand-mère de beaux « raras » (sorte de crécelles) enrubannés nous attendaient tous ; car l'usage était que tous les enfants de la ville, accompagnés de leurs « das » (bonnes), allassent à la porte de l'église à l'heure de la cérémonie des Ténèbres, le Jeudi-Saint, pour faire tourner leurs « raras » en même temps que celles de l'église remplaçant les cloches parties pour Rome

---

[1] [Cf. *Le Sablier renversé*, *supra* p.33.]

et, en terminant la cérémonie, il fallait battre le maudit Judas[1]. Alors, tout ce petit monde ainsi que les bonnes tapaient à tour de bras sur les bancs et les portes, faisant un vacarme affreux. Après quoi, tous les petits nègres armés de bâtons parcouraient la ville, brisant tout ce qu'ils trouvaient à portée et l'on faisait exprès de leur mettre devant les portes de vieilles caisses, de vieux pots, que sais-je ?, tout ce qu'on pouvait leur livrer pour leur plus grande joie.

Le Vendredi-Saint, à peine avions-nous ouvert les yeux qu'en chemise de nuit, nous nous dirigions vers la chambre de nos grands-parents qui nous présentaient un grand crucifix et nous faisaient adorer la croix. Ce jour-là, tout était silencieux. Jamais on n'aurait entendu un piano, un fredonnement, une dispute ; une sorte de tristesse régnait partout, tout le monde jeûnait et priait. Point de bon chocolat le matin, même pour les petits et chacun se privait volontiers. A trois heures, alors que nos parents étaient au chemin de la Croix, dès que les pendules faisaient entendre les trois coups, instantanément toutes les servantes se jetaient à genoux, n'importe où elles se trouvaient pour demander grâces, et nous les imitions. Une fois, l'un des petits, les mains jointes et les yeux au ciel, semblait prier avec tant d'ardeur que les plus grands voulurent absolument savoir ce qu'il avait demandé. Il fallut beaucoup d'insistance pour qu'il avoue qu'il avait supplié Jésus de guérir de sa gale un ignoble petit chien des environs avec lequel on le défendait de jouer et de faire mourir le plus vite possible son institutrice afin qu'il soit délivré de ses leçons de lecture et d'écriture.

Le Samedi-Saint, dès le matin, la ville et les visages changeaient d'aspect car les cloches allaient revenir de Rome et c'était la joie. En les attendant, tous les petits nègres, fort nombreux, se tenaient tout nus sur le bord de la mer et, lorsqu'au Gloria elles se faisaient entendre, tous se précipitaient à l'eau la tête la première et se débattaient comme une bande de marsouins.

Le jour de Pâques, superbes dans nos plus beaux atours, nous accompagnions nos grands-parents et nos parents à la

---

[1] [Cf. Saint-John Perse, « Eloges » XV, dans *Eloges* : « Le vieillard même m'envierait une paire de crécelles/et de bruire par les mains comme une liane à pois, la guilandine ou le mucune. »]

messe officielle, superbe messe militaire présidée par l'Evêque. Dans le chœur se trouvaient le Gouverneur, tout chamarré d'or ainsi que le Directeur de l'Intérieur entourés de toutes les autorités, tous les magistrats de la Cour en robe rouge, ceux du Tribunal ainsi que les avocats et les avoués en robe noire, des officiers en grand uniforme et un peloton de soldats sur deux files dans la nef. A chaque commandement, ceux-ci mettaient un genou en terre ou se relevaient et à l'élévation, alors que tous étaient prosternés, le tambour et le clairon se faisaient entendre. C'était grandiose et émouvant, aussi en avons-nous gardé un souvenir inoubliable. Ces messes militaires officielles étaient vraiment magnifiques.

Rentrés à la maison, nous trouvions une belle table de famille et un succulent repas. Grand-mère ne savait pas quoi imaginer pour nous amuser et nous faire plaisir.

LA JOSÉPHINE[1]

A la *Joséphine*, le vieux jardinier **Paillandy** était indispensable à ma grand-mère qui le mettait à tout. C'était lui qu'elle chargeait de tuer et dépecer moutons et cabrits pour l'alimentation de la famille, très nombreuse car, durant toute la saison chaude de l'hivernage, mes grands-parents recevaient à *la Joséphine* tous leurs enfants et petits-enfants, plus de nombreux parents et amis qui les visitaient souvent le Dimanche. A table, les invités étaient toujours nombreux et la gaîté régnait dans la maison.

Lorsque Paillandy avait porté les plus beaux morceaux à **Têtette**, la cuisinière mulâtresse, tout le reste était distribué parmi les indigents des alentours. Mes grands-parents, très charitables, faisaient toujours la part des pauvres et nous élevaient dans ces principes. Bons chrétiens, ils n'auraient jamais manqué d'assister à la messe du Dimanche avec nous et

---

[1] [Habitation de la famille Le Dentu, située à 700 m, sur les hauteurs de Matouba, près de Saint-Claude, au pied du volcan de la Soufrière. Charles Salomon Le Dentu est le grand-père maternel de Renée Léger. On y cultivait surtout le café. La maison, qui avait été détruite par un cyclone en 1964, vient d'être restaurée à l'identique par un descendant de la famille.]

au moment de la quête, mon grand-père sortait de la poche de son gilet de nombreuses petites pièces d'argent de 20 centimes, dont il n'oubliait jamais de se munir pour être déposées par nous les petits dans la belle bourse en velours présentée par le curé.

Il n'était pas bien facile de nous rendre à l'Eglise de la Paroisse située à trois kilomètres, les moyens de transport se réduisant à une voiture américaine, ancienne et démodée, attelée de deux chevaux (la première qui parut à la Guadeloupe) et plusieurs hamacs portés par les nègres sur leur tête. Aussi nous rendions-nous à pied, lorsque le temps le permettait, à une petite chapelle située au Grand Matouba et dans laquelle ma mère et sa sœur Clélie s'étaient toutes deux mariées en grande pompe et luxueusement. Cette chapelle intime avait eu leur préférence et leur très beau cortège s'était rendu à pied sous une fort belle allée de palmiers et de lauriers roses que mon grand-père avait plantés tout exprès pour la circonstance.

C'était encore Paillandy qui était chargé de récolter de magnifiques corbeilles de fruits provenant des beaux orangers de l'Esplanade et des superbes manguiers du parc. Le soir de la cueillette des oranges, on nous offrait les fameux « Puits d'amour » que nous apprécions tant. Vers neuf heures du soir, nous étions introduits dans la salle à manger, plongée dans une obscurité complète, et dans laquelle on voyait luire de nombreuses petites flammes bleues disséminées partout. Des oranges avaient été creusées, on y avait introduit du sucre et du rhum que l'on faisait flamber. Lorsque c'était consumé et éteint, les lampes étaient apportées et nous avions la permission de nous régaler de ces « puits d'amour » vraiment délicieux. Ma grand-mère ne savait qu'imaginer pour nous amuser et nous faire plaisir.

Paillandy était aussi chargé de la surveillance du café qui séchait sur la grande terrasse. Les yeux souvent levés vers le ciel, il guettait les nuages qui pouvaient rapidement apporter un grain de pluie désastreux. Lorsqu'un de ceux-là semblait inévitable, en hâte, il appelait à son aide les palefreniers, les domestiques, les enfants. Tous ceux qui étaient chaussés s'empressaient de se mettre nus pieds et avec un entrain plein de gaîté, le café était ramassé et rentré dans le « boucan » avant l'averse.[1] Les chaussures étaient enlevées pour ne pas écraser les grains qui devaient rester beaux et intacts.

Pour récompenser les enfants d'avoir si bien travaillé, on nous accordait la permission de nous mettre rapidement un costume de bain avec un couïl sur la tête et de courir et nous amuser sous une pluie battante, ce que nous aimions beaucoup. Et pour nous réchauffer ensuite la vieille bonne Sosso nous portait à chacun un petit verre d'anis doux très faible et bien sucré. A l'heure du goûter, à trois heures, une petite clochette, agitée par notre bonne grand-mère, nous appelait de tous les coins de la propriété où nous étions disséminés et d'où nous surgissions en criant à tue-tête « goûter ! goûter ! ». Et chaque jour c'était une surprise nouvelle et les meilleures friandises qui nous attendaient dans de petites assiettes spéciales qui nous étaient réservées, bien servies sur la grande table de la salle à manger, lesquelles assiettes étaient ornées de sujets drolatiques qui nous amusaient et occasionnaient mêmes des disputes parmi nous.

La maison des farces

Encore un souvenir amusant. Un jour, monseigneur l'Evêque vint faire une visite à ma grand-mère. Celle-ci étant un peu en négligé, à cause de la grande chaleur, se voit forcée de le faire attendre pour faire un peu de toilette et, pour qu'il ne trouve pas le temps trop long, elle appelle un des enfants assez drôle et déluré et lui dit : « Va tenir compagnie à monseigneur l'Evêque en attendant que j'arrive, cause avec lui et sois aimable. » Le petit obéit (il avait six ans) et ne trouve rien de mieux à dire à l'Evêque après l'avoir prié de s'asseoir : « Comment va Madame Monseigneur ? ».

En parlant d'évêque, cela me fait penser à une aventure déplorable arrivée bien des années plus tard à la Pointe-à-Pitre un jour de Confirmation, mais qui fut vraiment drôle. En pleine cérémonie et je ne sais par quel malentendu, Monseigneur s'assit alors que l'on venait de lui enlever son fauteuil et tomba

---

[1] [Hangar dans lequel on met le café à sécher. Cf. « boucaner », exposer des viandes ou des poissons à la fumée pour les sécher.]

sur le dos jambes en l'air, au milieu du chœur. Il fallut tout le respect qu'on lui devait pour retenir un fou rire général mais tout le monde se mordait les lèvres, malgré l'ennui que l'on ressentait. Même les jeunes prêtres du chœur n'arrivaient pas à dissimuler un léger sourire et il paraît qu'à cause de cela l'un d'eux fut envoyé en disgrâce dans une vilaine petite commune.

L'aîné des enfants qui avait douze ans, était un joli garçonnet, bon et affectueux mais un peu indiscipliné et brigand. Il montait admirablement une ravissante jument appelée par lui « Ziglipette » et accompagnait son père partout. Son jeu favori était d'attacher à la queue des chiens et des chats de l'habitation de vieilles casseroles ou vieux chaudrons qu'il « chipait » à la cuisine et de voir ces pauvres bêtes affolées galoper à toute vitesse, croyant fuir le vacarme qu'elles provoquaient.

Les réprimandes et punitions qu'il s'attirait ainsi ne le décourageaient pas. Un jour, il imagina d'imbiber de tafia bien fort une superbe pâtée qui venait d'être déposée au poulailler pour la volaille. Un quart d'heure après, le spectacle était vraiment tordant : poulets, dindons, canards complètement ivres titubaient dans tous les sens au milieu d'une gaîté folle. Ils tournoyaient, semblaient danser, s'embrasser, se chamailler, se poursuivre avec des mouvements imprévus et bien drôles. Ma grand-mère, qui avait voulu se fâcher d'abord, se désopila tellement que huit jours après, de son plein gré, on recommença la farce qui, heureusement, n'eut aucun effet fâcheux sur la basse-cour. Ce jeune cousin était paraît-il fort amoureux de moi, âgée de dix ans, et je l'appris de sa bouche, il y a peu d'années seulement, alors que nous étions grand-père et grand-mère et que nous prenions plaisir à nous rappeler nos gamineries d'enfants[1].

Il adorait taquiner Monkey, un assez gros singe que mon père possédait à *La Joséphine* et qui était enchaîné à l'un des orangers de l'esplanade car il était assez méchant. Lorsqu'il cassait sa chaîne et s'échappait, tout le monde, pris de terreur s'enfermait à clé dans les chambres jusqu'à ce qu'on arrive à le rattraper. Plus d'une fois, il s'échappa alors que l'on venait de servir le déjeuner et il profitait largement du « sauve-qui-

---

[1] [Il se serait agi de Charles (ou Charly) Le Dentu.]

peut » général qui le laissait tout seul assis sur la table et dévorant tout ce qu'il y avait à manger et dévastant tout, si bien que toute la famille ensuite ne trouvait plus rien à manger.

Un jour que nous avions comme invitée une vieille demoiselle toute maniérée et coquette et qu'en compagnie de nos parents elle faisait un tour sur l'esplanade, Monkey ne fit qu'un bond sur la demoiselle qui passait tout près de son arbre, lui arracha sa perruque et se sauva avec celle-ci au plus haut d'un arbre voisin. Cris et désespoir de la malheureuse qui n'arrivait pas, malgré ses efforts, à se couvrir entièrement la tête avec ses bras. On eut toutes les peines du monde à retrouver la perruque cachée si haut qu'il fallut qu'un adroit négrillon, grimpant aux arbres comme le singe lui-même, alla la chercher. On rit longtemps de cette aventure. Monkey devint si méchant qu'il fallut s'en défaire.

Dolé était un coin un peu triste et sauvage mais assez pittoresque. Il s'y trouvait plusieurs sources d'eaux thermales où les rhumatisants et les goutteux allaient faire des cures. Mon grand-père Dormoy y ayant souvent recours s'était décidé à y faire construire un charmant petit chalet où nous allions souvent le voir. Il y vivait confortablement mais seul, ma grand-mère étant morte quelques années auparavant. Il passait toutes ses journées sous la véranda, se balançant indolemment dans un « rocking-chair » ou se promenant d'un pas régulier et monotone, souvent en chantonnant.

Grâce à ma grand-mère, que nous appelions tous Morra, notre vie était très heureuse dans une atmosphère gaie. Nous ne pouvions nous passer d'elle.

Les cyclones

Certains jours pourtant son visage se rembrunissait et nous la voyions tout inquiète observer le ciel et le baromètre ; c'est qu'un ouragan s'annonçait et elle veillait à tout comme un capitaine de navire à son poste. Les volets étaient attachés solidement, tous les panneaux vitrés sortis d'un placard et munis de bougies et d'allumettes à l'abri du vent et de l'eau qui pénètre partout lorsqu'un cyclone sévit. Tous les employés et domestiques alertés, les animaux mis en liberté. Il arrivait que le danger se dissipait, ne se bornant qu'à un « petit coup de vent à bananes ». Plus rarement, heureusement, la chose tournait à la catastrophe. J'ai connu bien des nuits où toute la famille groupée dans le grand salon restait plongée dans l'anxiété, l'eau pénétrant partout.

C'est durant l'une de ces nuits, bien des années plus tard que mon petit Alexis, âgé de sept ans[1], avait fait le vœu de se priver, pendant neuf jours, de son chocolat du matin qu'il aimait tant s'il retrouvait vivante sa chère petite biquette, appelée Princesse, qui était sous un abri bien peu solide. Au matin, dès que le vent et la pluie se furent calmés, se glissant par la première porte entrouverte, il se précipita auprès de sa chevrette qu'il trouva toute grelottante et qu'il combla de caresses. Il ne manqua pas à son vœu et malgré mes remontrances et les taquineries de nous tous qui n'y comprenions rien, car il avait gardé son secret pour lui seul, il s'en tint strictement pendant les neuf jours à du pain sec.

Nous avions aussi des orages terribles et que de fois de beaux arbres du jardin attenant à la maison furent foudroyés ! Beaucoup de mamans, lorsque la foudre grondait si fort, se vêtaient d'une ample robe de soie dans laquelle les petits enfants se cachaient comme des poussins sous leur mère ; la soie étant mauvaise conductrice de la foudre la couvée se croyait à l'abri. Mais ma grand-mère Morra et ma mère n'ont jamais usé de cette précaution. Morra alors allumait les cierges de sa petite chapelle et nous réunissait tous, lisait à haute voix l'Evangile de Saint Jean, le dernier de la messe, usage remontant à Christophe Colomb et qui s'est toujours perpétué dans notre île antillaise. Dans un beau livre qui parle en détail de la découverte de l'Amérique, j'ai lu que Christophe Colomb, lorsqu'il subissait une terrifiante tempête, s'age-nouillait sur le pont de son navire, entouré de tous ses matelots prosternés et lisait à haute voix cet Evangile de Saint Jean, et la tempête s'apaisait tout de suite, assure-t-il. Usage absolument inconnu en France.

---

[1] [Il s'agit du futur poète, Saint-John Perse.]

Le jardin du grand-père

Mon grand-père, appelé par nous Papa Charles, s'occupait lui aussi beaucoup de nous, mais différemment de ma grand-mère. Il tirait parti de tout pour nous instruire en nous amusant. Lorsqu'il circulait sur la propriété, c'est à qui voulait l'accompagner et lui porter les instruments dont il se servait pour tracer et niveler les jolis chemins dont il a doté la *Joséphine*. Il nous expliquait tout et nous l'aidions de notre mieux dans son jardinage. Ayant la passion des arbres et des fleurs, il avait créé un vrai jardin botanique que les touristes ne manquaient pas de visiter. Il était continuellement en rapport avec un horticulteur hollandais qui lui expédiait les arbustes et les fleurs les plus rares que nous l'aidions à mettre en terre et chacun de nous avait son arbre planté par lui. Le mien était un splendide « tuya arex orea » dont je suivais l'épanouissement avec un intérêt particulier. De tous les enfants, j'étais celle qui avait le plus de goût pour l'horticulture, aussi mon grand-père s'amusait-il à m'apprendre le nom scientifique de tous les arbres et fleurs de son beau jardin à trois étages, et lorsqu'un visiteur admirait l'un d'eux il m'appelait pour en dire le nom, ce qui était amusant dans la bouche d'une si petite fille qui ne se trompait jamais[1]. Papa Charles exigeait de nous une tenue parfaite et nous n'avions la permission de parler qu'au dessert. Lorsqu'il entendait la voix de l'un de nous, c'était toujours en italien qu'il nous reprenait afin de ménager notre amour-propre devant les étrangers ou les membres de la famille qui ne comprenaient pas cette langue « mangiare et non parlar », nous disait-il, ou encore « bussare et non toccar »[2]. Et lorsque nous redemandions plusieurs fois d'un plat qui nous plaisait, d'un mot il nous rappelait à la raison : « Sol lucet », ce qui voulait dire « le soleil luit pour tout le monde. Songez aux autres et même aux domestiques. » Notre orgueil était sauvegardé, car

---

[1] [C'est ce jardin à étages qui est évoqué avec la distance de la poésie dans « Pour fêter une enfance » III : « ... Puis ces mouches, cette sorte de mouche, et le dernier étage du jardin... On appelle... J'irai... Je parle dans l'estime. » (*O.C.*, p.25)]

[2] [« Mangez et taisez-vous », « Poussez la porte et ne frappez pas ». « Papa Charles » avait épousé Clelia Pedemonte, fille de propriétaires de Basse-Terre nés en Italie.]

c'était un petit secret entre lui et nous et personne ne comprenait ce « Sol lucet » qu'il prononçait vivement en nous regardant.

Dès que le dîner était terminé, il allait s'étendre sur un canapé du petit salon et nous attendions impatiemment que fût achevée la demi-heure de repos qu'il s'accordait et après laquelle il était tout à nous, nous faisant les plus jolies lectures et les plus instructives qu'il nous expliquait et sur lesquelles il nous interrogeait. Quand nous avions été tous bien sages, il nous faisait une intéressante séance de magie noire, de fantasmagorie ou de lanterne magique. Ou encore nous enseignait toutes sortes de jeux.

Ma grand-mère avait les siens bien amusants aussi.

Dans sa belle et grande armoire empire, je vois encore la petite boîte qui contenait une grande langue rouge et une autre toute noire, faites toutes deux en cotonnade. Lorsque l'un de nous avait menti, ce qui était fort rare, la langue rouge lui était attachée à la bouche et il devait la garder ainsi plus ou moins longtemps suivant l'importance du mensonge. C'était une bien grande humiliation et le condamné se croyait presque déshonoré.

Quant à la langue noire, elle était destinée à celui qui disait du mal d'un autre ou révélait quelque faute commise. Ma grand-mère était des plus sévères pour les « rapporteurs ». Ces principes qu'elle nous a inculqués avec tant de soin ont porté leurs fruits et ont fait de nous des caractères francs, loyaux et discrets.

L'anniversaire de la grand-mère

La fête de Saint François d'Assise, le 4 Octobre, était la sienne et la mienne. Quelle belle fête de famille ! Plusieurs jours d'avance, la maison était toute affairée et les enfants en effervescence. Choupouchéty, notre cocher, ayant en main une énorme liste de commissions, conduisait en ville le tombereau attelé de Bismarck qui rapportait le soir des quantités de paquets, de caisses de bouteilles etc. lesquels laissaient deviner beaucoup de bonnes choses.

La veille de la fête, l'activité augmentait. Les servantes, en chantant gaîment, récuraient tous les planchers ; les mamans, les bras chargés de fleurs, ornaient toutes les pièces. D'un magasin toujours clos habituellement, les portes s'ouvraient et l'on en sortait la grande table et le rouleau à pâtisserie ainsi que les moules à gâteaux, les grands chaudrons, une immense rôtissoire. Le grand four de la cuisine était allumé et chauffé et ma grand-mère surgissait dans une large robe blanche ; les manches retroussées, elle se mettait à pétrir elle-même la belle pâte blanche dont elle donnait un petit morceau à chacun de nous pour que nous fassions nous-mêmes de petits pains de toutes sortes de forme et qui sortaient de nos mains tout gris et peu ragoûtants, mais nous les trouvions exquis. En plus des pâtés de viande et des gâteaux, Morra faisait des « pâtés coco » et des « pâtés banane » dont nous raffolions.

Le soir arrivaient les parents de la ville qu'on logeait un peu partout et à l'heure du dîner, tous portant des fleurs à la main, nous nous dirigions en cortège vers Morra à qui nous offrions nos vœux et que nous embrassions tendrement. Les petits récitaient des compliments et chantaient de jolies petites chansons. Le dîner au champagne était magnifique, mais c'était surtout le lendemain, jour de la Saint-François, que la fête prenait tout son éclat. Beaucoup de convives montaient de la ville. Tous les travailleurs de la propriété, nègres, mulâtres et Indiens venaient offrir à ma grand-mère et à moi des fleurs, des fruits et des gâteaux, puis dansaient à cœur joie sur l'esplanade, jusqu'à minuit. Les costumes des Indiens étaient curieux à voir, ainsi que leur musique et leurs chants. Les danses de nos nègres antillais, bien moins sauvages et plus jolies, enchantaient tout le monde ; Biguines, Cangolés, Grages, Eclairs, constituaient un beau Bamboula. Lorsque j'étais toute petite, je possédais si bien toutes ces danses que souvent lorsque nous avions des visiteurs, mon père me demandait de les exécuter accompagnée par ma mère au piano, ce qui me faisait toujours un gros succès dont je me serais bien passée, étant toujours tout intimidée, mais je me serais bien gardée de désobéir à mon père, fort sévère quoique très tendre pour moi.

Les parties de rivière constituaient l'un des principaux agréments de notre vie coloniale. Indépendamment du bain quotidien sous nos belles cascades écumantes de Bougerel au

Matouba ou du Carbet au *Bois-Debout*, nous organisions assez fréquemment des déjeuners au bord de la rivière, nous interrompant de manger pour nous jeter à l'eau faire quelques brasses et puis continuer le repas assis sur des « roches ». Repas dans lequel figurait toujours le « riz et calalou », « farine et avocat », « matété crabes ». C'était toujours un plantureux déjeuner que nos serviteurs nègres et indiens portaient avec adresse, dans de grands paniers sur leurs têtes, dans les falaises abruptes qui surplombent nos torrents. Les sentiers étaient difficiles mais nous y étions très habitués, grands et petits.

Les dangers du Saut d'eau

Un jour, un vrai drame se passa au Saut d'eau, l'un des endroits les plus dangereux de nos torrents. Famille et amis nombreux s'étaient rendus au bain ; ce matin-là, la rivière était grosse et menaçante. Malgré les craintes de ma mère on se mit tout de même à l'eau, promettant d'être prudents, mais mon frère Georges, âgé de vingt ans, se sachant très bon nageur, s'aventura du côté de la superbe chute. Immédiatement on le vit disparaître puis se débattre pour tâcher d'atteindre la rive, mais inutilement ; pris dans le tourbillon, terrible ce jour-là, tous ses efforts pour en sortir furent vains, alors il eut l'inspiration de nager très profondément de façon à atteindre la belle grotte très obscure où l'on ne s'aventurait guère. Sur les parois très lisses et comme vernies par le frottement de l'eau, il n'arrivait pas à trouver un appui et ses forces s'épuisaient lorsqu'implorant la Sainte Vierge, tout en passant et repassant la main sur la pierre, il sentit sous ses doigts une unique petite aspérité à laquelle il put s'accrocher par l'index et le médium. Sa force musculaire très réputée lui permit en changeant de doigt de rester dans cette position fort longtemps pendant qu'on allait lui chercher du secours. Ce fut grâce à l'initiative, au courage et à l'adresse de son jeune frère, âgé de 12 ans, qu'il fut sauvé. Dès que Jules, très intelligent et débrouillard, comprit le danger il partit comme une flèche, pieds nus et en caleçon de bain ; courant à grande allure, il arriva droit à l'écurie ; personne n'y était pour l'aider. Seul, il arriva à décrocher un énorme rouleau de corde pendu au mur et repartant à la même allure, chargé de son très lourd fardeau, il franchit tous les passages les plus difficiles de la dangereuse falaise, protégé par Dieu. Comment ne s'est-il pas tué ? Plusieurs fois il tomba, mais, se relevait, poursuivant courageusement sa course folle et arriva enfin au moment où les forces de son frère semblaient défaillir. Avec beaucoup de difficultés, les jeunes gens qui étaient là parvinrent à lancer la corde au fond de la grotte et le courage de Georges se ranima. Il put atteindre la corde, la passer d'une main autour de sa taille et l'y attacher fortement en s'aidant de ses dents. (Il possédait tant de force dans la mâchoire que, pour s'amuser avec des camarades, il soulevait avec elle des poids très lourds.) Tout ceci d'une seule main, tandis que l'autre le soutenait toujours accroché à la petite aspérité. Si la corde avait été très mal attachée ou si elle avait cassé, le malheureux eût été perdu. Lorsqu'il eut terminé la difficile opération, il fit signe de tirer sur la corde dont l'extrémité était restée entre les mains des jeunes gens sur la berge. Dès qu'il lâcha l'aspérité de la grotte, il coula au fond et le temps qu'il y resta fut interminable à tous les spectateurs et surtout à ma pauvre mère et à mes sœurs affolées. Moi, j'étais en voyage. Le courant était si fort, le remous si terrible et la résistance de Georges telle qu'il fallut se mettre tous à la corde pour ne pas lâcher prise et ramener sur la berge le pauvre garçon à moitié évanoui. Il avait avalé beaucoup d'eau et se sentait étouffer jusqu'au moment où, sous la pression frénétique d'un de ses cousins qui le tenait dans les bras tout à la joie de le voir sauvé, il rendit toute l'eau. Immédiatement, tous rendirent grâces au Ciel et complimentèrent le petit Julot qui avait si courageusement sauvé son frère.[1]

Comme une traînée de poudre le bruit s'était répandu que le jeune Dormoy se noyait au Saut d'eau et l'on accourait de partout. Blancs, nègres, mulâtres et Indiens étaient arrivés en foule au moment où le drame prenait fin.

---

[1] [L'événement eut un grand retentissement dans la famille étendue, puisque Elodie Dujon y fait allusion dans *Le Sablier renversé*. Cf. *supra* p.112.]

La Soufrière

La Joséphine était située au pied de notre beau volcan la Soufrière et la belle vue toujours si variée qu'il nous offrait était l'un des charmes de la délicieuse propriété de mes grands-parents. Nous étions toutefois incommodés certains jours par l'odeur de soufre qui provenait du lac bouillonnant et plusieurs fois j'ai vu surgir de vagues nuages de cendre. C'était une excursion bien belle et bien curieuse à faire que celle de cette Soufrière. Lorsque, par un temps radieux, on apercevait le sommet dégagé, on décidait d'en faire l'ascension. Immédiatement, tout était mis en branle pour l'organisation de l'excursion. On allait à la recherche d'un guide et de porteurs de provisions, celles-ci étaient alors réquisitionnées, les garde-manger et les armoires vidées. On s'invitait, on se regroupait, on se mettait en costume de circonstance et vers quatre heures de l'après-midi toute une caravane se mettait en marche vers les Bains Jaunes situés au pied du volcan. Les moins entraînés à la marche disposaient de chevaux et de mulets. Quelle gaîté et quel entrain ! Vers sept heures, on arrivait aux Bains Jaunes où l'on prenait possession d'une sorte de construction très rustique, appelée tout simplement « case » où l'on s'installait pour dîner éclairés par des fanaux. Puis l'on étalait des couvertures par terre et sur les lits de camp en bois pour essayer de sommeiller et prendre un peu de repos avant d'entreprendre l'ascension. Il suffisait d'atteindre le sommet au lever de soleil, spectacle féerique par beau temps. Mais au lieu de dormir, c'était de tous côtés des rires, des plaisanteries et des taquineries.

A trois heures du matin, le guide principal donnait le signal du départ et après une demi-heure de marche dans la Savane à Mulets on commençait à gravir le cône au milieu de mille difficultés exténuantes. Moi, un peu fatiguée lorsque j'ai tenté cette excursion, je m'étais munie d'un énorme nègre, fort comme un Hercule, trouvant plus simple et moins fatigant de me faire porter par lui dans les endroits les plus difficiles. J'avais alors vingt-cinq ans et n'étais pas maigre. C'était un brave homme assez dévoué à la famille. Vers six heures, on atteignait le plateau situé entre les deux pitons. Rien de plus beau que l'immense nappe de mousse et de fleurettes multicolores qui couvre le sommet de la montagne. Toutes les teintes y sont, et avec les gouttelettes de la rosée matinale qui scintillent aux premiers rayons du soleil, c'est admirable. A cette heure, il fait toujours un petit froid aigre que l'on ressent d'autant plus que l'on n'est pas vêtu en conséquence et que l'on a transpiré durant l'ascension. Pour se réchauffer, le café est sorti des paniers et posé par terre du côté des petites fumeroles. En peu de temps, il bout et l'on peut s'en délecter. Après un moment de repos, on effectue en détail la visite du volcan, si magnifique et si curieux à voir. Le Lac de soufre bouillonnant, la Porte d'Enfer, le Pont du Diable (légère passerelle naturelle sur un gouffre impressionnant et sur laquelle on ne peut passer qu'à plat ventre). Tout est intéressant à voir et l'enthousiasme n'a plus de bornes lorsque le soleil, se montrant tout à fait, éclaire les contours de l'île que l'on domine entièrement de 1.200 mètres et qui se détachent sur une mer idéalement bleue.

Vers dix heures, il commence à faire si chaud qu'il faut penser à la descente. De grands chapeaux qui préservent du soleil, très vif alors, sont surchargés de mousse et de fleurs. En peu de temps l'on est à nouveau aux Bains Jaunes où, pour se délasser, l'on se jette dans la piscine chaude où l'on s'oublie parfois. Vers neuf heures on est de retour à la maison, ayant déjeuné en route de toutes les victuailles que renferment encore les nombreux paniers.

TABLE DES MATIERES

INTRODUCTION par Henriette Levillain	v
Elodie Dujon-Jourdain, *Le Sablier renversé*	ix
Le royaume de l'habitation	xi
Une société matriarcale	xiv
Une solidarité à toute épreuve	xvi
Une culture de la canne	xvii
Renée Dormoy-Léger, *Souvenirs de la Guadeloupe*	xix
PRINCIPES DE L'EDITION	xxiv
BIBLIOGRAPHIE	xxv
LE SABLIER RENVERSE, Élodie Dujon-Jourdain	1
Avant-propos	3
Chapitre I : La Rivière blanche	5
Chapitre II : Le cyclone	7
Chapitre III : La vie quotidienne à la Rivière blanche	17
Chapitre IV : Nos aïeules	23
Chapitre V : Nos nègres	31
Chapitre VI : Da Rosina	35
Chapitre VII : Une enfance heureuse (1896–1902)	43
Chapitre VIII : L'abbé Beyrines	51
Chapitre IX : Premiers chagrins	55
Chapitre X : Mariages	63
Chapitre XI : La Grand'Case Saint-Pierre – 1901	73
Chapitre XII : 1902 – L'année terrible	85
Chapitre XIII : « Le vert paradis des amours enfantines »	105
Chapitre XIV : 1905	119
Chapitre XV : 1910	125
Chapitre XVI : 1911	131
Chapitre XVII : 1912	137
SOUVENIRS DE LA GUADELOUPE, Renée Dormoy-Léger	147
L'Habitation *Bois-Debout*	149
L'immigration indienne	149
L'immigration annamite	151
Les Indiens de la propriété	153
Les fêtes indiennes	158

La canne à sucre … … … …	160
Le manioc … … … … …	160
Basse-Terre … … … … …	161
La Joséphine … … … … …	163
La maison des farces … … …	165
Les cyclones … … … …	167
Le jardin de grand-père … … …	169
L'anniversaire de grand-mère … … …	170
Les dangers du Saut d'eau … … …	172
La Soufrière … … … …	174
TABLE DES MATIÈRES … … … …	177
TITRES DE LA COLLECTION « AUTREMENT MÊMES »	179

COLLECTION
AUTREMENT MEMES
dirigée par Roger Little

Titres parus :

1. Lucie COUSTURIER, *Des inconnus chez moi*, présentation de Roger Little, avec une préface de René Maran, 2001
2. Armand CORRE, *Nos Créoles : étude politico-sociologique, 1890*, texte établi, présenté et annoté par Claude Thiébaut, 2001
3. MELESVILLE & Roger de BEAUVOIR, *Le Chevalier de Saint-Georges : comédie mêlée de chants en trois actes*, présentation de Sylvie Chalaye, 2001
4. PIGAULT-LEBRUN, *Le Blanc et le Noir : drame en quatre actes et en prose*, présentation de Roger Little, 2001
5. Pierre MILLE, *Barnavaux aux colonies*, suivi d'*Écrits sur la littérature coloniale*, présentation de Jennifer Yee, 2002
6. Sophie DOIN, *La Famille noire*, suivie de trois *Nouvelles blanches et noires*, présentation de Doris Y. Kadish, 2002
7. Élodie DUJON-JOURDAIN, Renée DORMOY-LEGER, *Mémoires de Békées : textes inédits*, texte établi, présenté et annoté par Henriette Levillain

Titres en perspective :

Aphra BEHN, *Oronoko*, traduction et adaptation de Pierre-Antoine de La Place, présentation de Curtis Small
Clotilde CHIVAS-BARON, *La Femme française aux colonies*, présentation de Aedín ní Loingsigh
CONDORCET, *Réflexions sur l'esclavage des nègres*, suivies de textes inédits sur les Noirs, présentation de David Williams
Lucie COUSTURIER, *La Forêt du Haut-Niger*, suivi du *Rapport sur le milieu familial en Afrique occidentale*, présentation de Roger Little
Maurice DELAFOSSE, *Les Nègres*, présentation de Bernard Mouralis
Olympe de GOUGES, *L'Esclavage des Noirs ou L'Heureux Naufrage*, précédé de *Zamor et Mirza* et suivi de *Réflexions sur les hommes nègres*, présentation de Sylvie Chalaye
L'abbé GREGOIRE, *Écrits sur les Noirs*, présentation de Rita Hermon-Belot

Octave GUILMOT, *Manga l'Africaine*, présentation de Jean-François Durand
Georges HARDY, *Une conquête morale*, présentation de Patricia Little
Lafcadio HEARN, *Esquisses martiniquaises*, présentation de Mary Gallagher
Richard KANDT, *Caput Nili : Voyage aux sources du Nil*, traduction et présentation de János Riesz
J. LEVILLOUX, *Les Créoles*, présentation de Chantal Maignan et André Claverie
Nouvelles du héros noir, présentation de Roger Little
Les Ourika du théâtre, présentation de Sylvie Chalaye
Robert RANDAU, *Le Chef des porte-plume*, présentation de János Riesz
Baron ROGER, *Kelédor* suivi des *Fables sénégalaises*, présentation de Kusum Aggarwal
Soulouque vu d'Europe, présentation de Léon-François Hoffmann et C. Hermann Middelanis

653269 - Mai 2016
Achevé d'imprimer par